絵本翻訳教室へ
ようこそ

灰島かり

研究社

ALFIE GIVES A HAND の表紙

Min stopped crying. She wasn't frightened of Bernard in his tiger mask now she was holding Alfie's hand.

ALFIE GIVES A HAND より　マザーグースを歌って遊ぶ子どもたち

はじめに

　絵本や子どもの本に対する関心が、高まっているせいでしょうか？　絵本の翻訳に興味を持つ人が、増えています。この本は、絵本翻訳の心構えやテクニックをお伝えする入門書です。でもそれだけではありません。絵本翻訳を学びたいという人の目的は、本当にさまざまです。翻訳を学びたい人はもちろん、絵本についてもっと勉強したい人、日本語をブラッシュアップしたい人、なかには子どもについて学びたい、という人もいます。

　絵本の翻訳は、そういうさまざまな期待に応えるだけの魅力と幅を持っているようです。なんとなく興味があるという人は、この本を気軽に読んでいただけると、絵本や翻訳教室のあれこれ、英国の子育てについて、楽しんでいただけることと思います。

　でも翻訳を真剣に学びたいのであれば、今回テキストとしたシャーリー・ヒューズの絵本の英語を見て、まずは自分で訳してみることをおすすめします。できあがったものを見るのと実際に訳すのは大違いで、わかっていることがうまく日本語にならないことに、驚かれることでしょう。自分でやってみた上で、それから翻訳についてのコメントを読むと、ずっと理解が深まることと思います。なお本書でテキストとして取りあげた *Alfie Gives a Hand* は、作品全体ではないために、少し説明が不足するところがあることをはじめにお断りいたします。

　この本の土台となったのは、カルチャーセンターで行われたワークショップです。でも実際のワークショップでは、私の翻訳をお見せすることはしませんでした。それぞれの翻訳を、英語の間違いを直したり、日本語の言いまわしを工夫したりして、いっそうブラッシュアップして、一冊丸ごと仕上げることを目的としていました。この本ではわかりやすくするために、私の翻訳をつけましたが、これはひとつの例に過ぎません。学校の英語の勉強と違って、正解のない世界であって、だからこそやりがいがあると言うものです。

翻訳の方法は体系立てて語ることが難しく、ひとつひとつの事例を学んでいくしかないように思います。その、ひとつの取りかかり口にご案内できたとすれば、こんなにうれしいことはありません。

　絵本の絵と物語と、そして子どものいる光景に接する楽しさは、格別です。皆さんに、この楽しさを知っていただけますように。

2005年春

灰島かり

もくじ

はじめに　iii

Chapter 1　はやる気持ちを押さえて、まずはウォーミングアップ　3
　絵本翻訳教室へようこそ　4
　まずはウォーミングアップ　5
　絵本は絵も訳す　7
　シャーリー・ヒューズについて　10

Chapter 2　離陸するのは、エネルギーが要ります　13
　文体を考える　14
　漢字はどのくらい使う？　18
　ポイントは招待状　19
　コラム1 ひらがなと漢字　22
　コラム2 ははは、笑った　24

Chapter 3　この子は、こういう子どもなんです　25
　メリハリをきかせる　26
　お気にいりの古い毛布　28
　コラム3 タオルっ子の絵本、お誕生会の絵本　34
　コラム4 翻訳で失われるもの　36

Chapter 4　さりげないところって、案外むずかしいもの　39
　要領よく短めに　40
　"廊下" はすっきり訳す　44
　そのセリフだれの？　45
　コラム5 「あなた」の問題　48

Chapter 5

おたんじょう日のプレゼント、反応もいろいろ　51

文章が出てきた由来は？　52

押してもダメなら、引くこと　56

心情をくみとって訳す　56

コラム6 お誕生会事情　60

Chapter 6

最初のクライマックスはシャボン玉　63

子どもの会話を知る　64

擬音語と擬態語　67

コラム7 オノマトペの楽しさ　70

コラム8 怪しい絵本翻訳家　71

Chapter 7

おたんじょう会にはバースディケーキがなくちゃね　73

ブンチッチッチ、ブンチッチ　74

英文を正しく読む　77

コラム9 伝統芸能と絵本翻訳　81

Chapter 8

小さな出来事も、子どもたちには大きなドラマ　85

つなぎの言葉で、構造を明確に　86

辞書は両面から引く　90

和風のものを入れる？　93

ステレオタイプのほうがいいケース　94

絵の表情をよむ　95

コラム10 辞書の使い方　98

Chapter
9 **でもいちばんのドラマは、子どもの成長です** 103
　七五調の呪縛　104
　かわいい言い方　109
　大きな変化が起きる場所　111
　コラム11 言葉遊びをどう訳すか　115

Chapter
10 **手をつないだり転がったり、楽しいクライマックス** 117
　マザーグース　118
　コラム12 マザーグースって、なに？　123
　コラム13 マザーグースの翻訳　125

Chapter
11 **子どもたちを見守るお母さんの気持ち** 127
　セリフのかげの心理を把握する　128
　コラム14 ヘンリー八世はスケバン？　134

Chapter
12 **余韻を残して、終わりましょう** 137
　一語一語を大切に　138
　終わりをどうする　140
　題を決めて、できあがり　142
　コラム15 名前の翻訳　144

Chapter
13 **一冊できあがるって、本当にうれしいこと** 147
　翻訳を終えて、感想と質問　148
　コラム16 翻訳絵本出版への道　155

あとがき 161

付 録 163

　絵本はステキ！ 164

　　『げんきなマドレーヌ』 164

　　『おやすみなさいのほん』 167

　　『三びきのやぎのがらがらどん』 170

　翻訳に「正解」はないのです 173

　　　　　＊＊＊＊＊

　翻訳家としての灰島かり　　　鈴木　晶　177

　本書で取り上げた作品一覧　181
　初出一覧　182

絵本翻訳教室へようこそ

灰島かり

Acknowledgements

Extracts from ALFIE GIVES A HAND by Shirley Hughes, published by The Bodley Head. Reprinted by permission of The Random House Group Ltd.
Excerpt(s) from MADELINE by Ludwig Bemelmans, copyright 1939 by Ludwig Bemelmans; copyright renewed ©1967 by Madeleine Bemelmans and Barbara Bemelmans Marciano. Used by permission of Viking Children's Books, an imprint of Penguin Young Readers Group, a division of Penguin Random House LLC. All rights reserved.

Chapter
1

はやる気持ちを押さえて、
まずはウォーミングアップ

絵本翻訳教室へようこそ

まずはウォーミングアップ

絵本は絵も訳す

シャーリー・ヒューズについて

絵本翻訳教室へようこそ

　子どもの本のなかでも、絵本の翻訳は特殊です。絵本は絵と文章がコラボレートしていますから、翻訳するにあたっては、文はもちろん、絵もしっかり読みとれなくてはなりません。それからくり返しくり返し読まれるケースが多いので、それに耐えるだけの豊かな日本語にしたいものです。さらに絵本は基本的に、大人が子どもに読んであげるものですから、耳で聞いたときにわかりやすい日本語である必要もあります。もうひとつ、文のレイアウト（タイポグラフィと言います）も視覚に訴えるひとつの要素ですから、印刷された文字がどう見えるかも、気にかけなくてはなりません。

　あれっ、最初から「ねばならぬ」が多いですねえ。これではめんどくさいから止めた、と言って次回からは来ない人が出てきそう。皆さん、高いお金を払ったんですから、しっかり最後まで取り組んでくださいね。

　実は絵本翻訳の特徴は、何よりも、取り組むのが楽しい、というところにあります。うんうん、こっちを先に言うべきでした。まず絵本そのものが、ユニークで豊潤なメディアです。以前に、絵本に興味はないけれど、簡単そうだから絵本の翻訳をやってみたい、という人が教室に来たんですよ。でもその人は、今ではすっかり絵本のとりこになっています。私は「あらまあ」なんてさりげなく言いながら、実はしめしめとほくそ笑んでいます。

　絵本の豊かさとは、ひとことで言うと大人と子どもがshare（＝分かちあう）することができる、というところから来ているのではないでしょうか。子どもだけが楽しむもの、たとえば何とかマンのテレビ番組だと私にはあまりおもしろくありません（そういうものが悪いと言っているわけではありません。子どもだけの世界だと言っているだけなので、まちがわないでね）。でもセンダックの傑作絵本『かいじゅうたちのいるところ』（神宮輝夫訳、冨山房）だったら、私は子どもたちに読んであ

げながら、その楽しさを子どもと share することができます。絵本は子どもと大人の架け橋の役目を果たしてくれるメディアなんですね。

　そして絵本の翻訳は、一方でなにかと制約は多いものの、翻訳者にまかされる自由度も大きくて、やりがいがありますよ。

　では、どこが自由で、どこが不自由なのか、皆さんと実際に取り組みながら、探っていきましょう。

　ところでこの翻訳教室の受講生は

一木さん　（20代。貿易会社勤務。翻訳家志望）

二岡さん　（もうすぐ30歳。3歳の子どもの育児に奮闘中）

三田さん　（30代。小学校で絵本の読み聞かせをしている）

四谷さん　（40代。自宅で子供向けの英語教室を開いている）

五島さん　（50代。小学校教師を定年退職し、新しい仕事を模索中）

六川さん　（60代。童話を書いている。5人目の孫が生まれたところ）

の6人の皆さんです。これから、どうぞよろしくお願いします。

まずはウォーミングアップ

　実際に絵本を翻訳する前に、軽い準備体操をしてみましょう。

　絵本のなかで5歳の男の子が、I'm hungry と言いました。まず、これを訳してみてください。

　　一木「ぼく、おなかがすいちゃった」

　　二岡「おなか、へったなあ」

　　三田「おなかがペコペコだよ」

　　六川「はらぺこだい」

　皆さん、絵本の翻訳を勉強したいというだけあって、上手ですね。どなたの訳も正解です。I'm hungry を「わたしは、おなかがすいています」

と訳すのは、中学校でやる英文和訳で、これでは日本語の会話にならないことは、もうおわかりですよね。5歳の子はまず絶対に「わたし」とは言いません。それ以前に日本語では「わたしはおなかが減っています」と言ったら、「他の人は減っていないかもしれませんが、このわたしは、減っていますよ」という自分の状態を強調した意味となります。日本語の会話では、ふつうは主語を省くか、あるいは一木さんのように「ぼく」のあとで読点を打って、助詞を省きます。そのうえで「ペコペコ」とか「はらぺこ」とか、いかにも5歳の男の子が口にしそうな言葉が最初から出てくるというのは、皆さん、とっても有望ですね。

　ところで日本語では、主語を省いても、それを誰が言ったかわかるのは、それに続く述語の語尾が変化するからです。これがお母さんのセリフなら「おなかがすいたわ」、お父さんなら「はらがへったな」や「はらがへったぞ」。「はら、へっちゃってさ」とか「おなかがへっちゃったよ」という言い方もあります。昔話のおじいさんなら「はらがへったのう」なんていうのもあるでしょう。日本語は、語尾がさまざまに変化して細やかなニュアンスを伝える、そういう言葉なんですね。

　絵本は一般の本と比べて文章の量が少ないですから、一般の本以上に一文一文のニュアンスがとても重要になります。ということは翻訳する場合はその場面にぴったりの言葉と、そしてぴったりの語尾を探さなくてはならない、ということです。お母さんだからといっていつも「おなかがすいたわ」では困ります。たとえば怒っているときなら「おなかがすいてるんですからね」と言うかもしれないし、楽しい気分なら「おなかがへっちゃったな」になるかもしれません。

　ぴったりの言葉と語尾をつかまえるのが翻訳者の仕事というわけですが、ではどうしたらそれがうまくできるのでしょうか。まずは英文で書かれている内容をしっかりと把握し、その場面のイメージを頭の中でしっかり立ちあげることです。そして立ちあがったその場面のなかで、これは日本語で何というかを考えること。これが翻訳の基本です。

絵本は絵も訳す

　どういう翻訳をすぐれた翻訳というのか、特に絵本の翻訳の場合は、答えるのがなかなか難しいのです。ある場合は訳文が英文にピタリとそっている必要があるでしょうし、逆に英文から少し離れたほうがいい場合もあるでしょう。ケースバイケースとしか言いようがありません。でもいずれの場合でも、英文がきちんと読みとれていて、魅力のある日本語になっているというのが基本の条件です。

　それともうひとつ、絵本の翻訳は、絵そのものをよく見て、絵の語っている内容を理解する必要があります。これが一般の本の翻訳といちばん違うところです。たとえば、これから訳すこの絵本の表紙（⇒口絵）を見てくださいね。Shirley Hughes 作の *Alfie Gives a Hand* です。最初の見開きの絵も見てみましょう。（⇒本書 pp.14-15）この主人公はアルフィーという名前ですが、皆さん、この男の子はいくつくらいに見えますか？

　二岡「うちの子より大きそうです。5、6歳ですか？」

　六川「うちの孫に、ここに描いてある下の子と同じくらいのがいるんですよ。その子が1歳半なので、上のお兄ちゃんは3歳半くらいでしょうか？」

　「半」というのが、細やかな観察ですね。確かにすぐれた絵本画家は、2歳半と3歳の子どもをちゃんと描きわけるんですよ。

　五島「この子は小学校には行っていませんよね。幼稚園の年中さんか年長さんというところで、4、5歳くらいかしら？」

　表紙と最初の見開きのアルフィーを、もう一度、じっくり見てください。おなかがポコンと出た幼児体型をしていますよね。手足もまだ短くて、ぷくぷくしています。でも立ったときの足もとはしっかりしていて危なげがない。そうなると、五島さんの、幼稚園の年中か年長というのが正しいように思えてきますが、五島さんは、絵から判断されたんですか？

　五島「絵を判断したというよりは、ただのカンです」

　三田「あっ、このページにあるバースディケーキ、ろうそくが5本立っていますよ」

　よくぞ見つけてくれました。この絵本には、5歳の誕生会であるとは、文章ではひとことも書かれていませんが、絵に描かれたキャンドルの数で、表現されています。お友だちが5歳になったのですが、初めてお誕生会に招かれた、と説明されているので、アルフィー本人はまだ4歳ではないかしら。ケーキのろうそくから、年齢がいっそうはっきりしました。

　何歳かによって、話し方は変わってきます。だから会話を訳すときには、その子どもがいったいいくつなのか、わかっていることは大事です。とはいえ何歳かという知識が重要なわけではありません。アルフィーの絵を見て、この子はどういうしゃべり方をするだろうかと、あれこれ思い描いて、会話の文体を決定してくださいね。そのときに年齢がわかっていれば参考になります。会話の文体を決めるということは、キャラクターを決めるということですが、それを教えてくれるのは、絵なのです。

つまり<u>絵本の翻訳は片目で文字を、片目で絵を見ながらする</u>、ということです。

　さて、ここにアルフィー・シリーズの表紙が3冊あります。どういう順番か、わかりますか？

　四谷「あら、1、2、3の順番にアルフィーが大きくなっているようです」

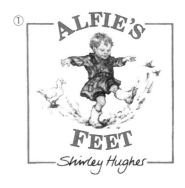

　そうですね。3番になると、おなかがポコリという体型ではなくなっていて、頭と体のバランスも1番とはだいぶ違いますよね。1番だと四頭身に近いですが、3番だと五頭身に近づいています。3歳児から5歳児に変化していて、まん中はその中間の4歳児でしょう。今回訳す *Alfie Gives a Hand* の次に刊行されたのが2番なんです。ね、シャーリー・ヒューズは鋭い観察力で子どもを見て、それを的確に絵にしていることがわかるでしょう？

　事前にあれこれ解説されてもなかなかつかみにくいですから、あとは実際の絵本のなかで学んでいきましょう。でも絵を読むという基本は、しっかり頭に入れておいてくださいね。

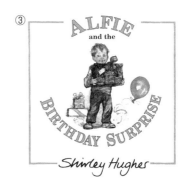

シャーリー・ヒューズについて

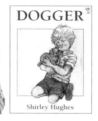

さて、絵本の作者について、少し解説しておきます。私はシャーリー・ヒューズが大好きで、惚れこんでいる絵本作家のひとりです。でも残念なことに、日本での人気は今ひとつ、どころか全然無いですよね。この人は絵も文も自分でかきます。

代表作はケイト・グリナウェイ賞（英国の絵本に送られる最高の栄誉です）を受賞した*Dogger* です。これは『ぼくのワンちゃん』（あらいゆうこ訳、偕成社）という題で翻訳出版されたんですが、あまり話題に上りませんでした。図書館に行けば書庫に入っているかもしれません。ぜひ出してもらって、見てくださいね。

　シャーリー・ヒューズは英国では、批評家の評価も非常に高く、同時に大人にも子どもたちにも人気があります。「人気がある」なんてもんじゃない。この人こそ、英国の国民的絵本作家と呼んでまちがいありません。1927年生まれですから、もう70代後半ですが、まだ現役で活躍しています。ファンタジー作品は少なくて、リアリズムの絵本が多いです。日本でいうと、いわさきちひろさんとか、林明子さんとかに近い作風です。ヒューズの描く子どもたちは、英国人にとって「そうそう、うちの子もこんなふうだったわ」と思わせるものなんですね。

　私は英国の田舎を旅行するときは、たいていベッド＆ブレックファストという、日本で言う民宿に泊まりますが、あるときそこでヒューズの絵本を見つけたんです。私が「あっ、わたし、シャーリー・ヒューズ、

大好き」と言ったところ、民宿のおばさんはとたんにニコニコと相好を崩して「うちの子どもたちも大好きだったのよ。ほんといい絵本よねえ」と大喜びでした。どの絵本がいちばん好きか、という話で盛りあがってしまい、おばさんはもう「喰いねえ、喰いねえ、寿司喰いねえ」状態。ほんとにお茶とケーキをごちそうしてくれて、翌日は名所見物にまで連れていってくれたんですよ。それくらい英国人の心情に深くコミットしているところがあるようです。でも英国らしさが強すぎて、逆に日本では受け入れられにくいのかもしれませんね。

　ヒューズは、2004年に *Ella's Big Chance* という絵本で、2回目のグリナウェイ賞を受賞しています。3人の子のお母さんでもあり、子どもの表情や仕草の描写には定評があります。今回取りあげる絵本は、アルフィー君が活躍する人気シリーズのなかの1冊です。途中からはアルフィーの妹のアニー・ローズが主人公となって、またまた人気シリーズになりました。合計すると20冊くらいになるでしょうか。ペーパーバックになっているものも多い

ので、洋書店か、インターネット書店で安価に手に入れることができます。幼稚園児の日常に起こる小さな事件を描いているんですが、小さな子どもにとっては、小さな事件も大事件です。アルフィーが日々を驚いたり喜んだり困ったりして過ごす様子が、リアルにそして暖かく描かれています。

　Alfie Gives a Hand は、友だちの誕生会に呼ばれたアルフィーの話ですね。直訳すれば、「アルフィーが手をさしのべる」という意味のタイトルですが、絵本の題については、全部訳してから考えることにしましょう。この絵本が日本の子どもたちにも喜ばれる本となるかどうか、皆さ

んの翻訳の腕の見せ所です。次回からは、皆さんに実際に訳してもらったものを、検討していきましょう。

Chapter 2

離陸するのは、エネルギーが要ります

文体を考える

漢字はどのくらい使う？

ポイントは招待状

＜コラム1＞　ひらがなと漢字

＜コラム2＞　ははは、笑った

One day Alfie came home from Nursery School with a card in an envelope. His best friend, Bernard, had given it to him.

文体を考える

　翻訳を始めるまえに、皆さん、絵本を最後まで読んできてくれましたか？　よくわからない英文があったら、それはそのまま置いておいて、まずは終わりまで読んでくださいね。どんな内容かをわかったうえで、翻訳にとりくみましょう。

　トップバッターは、一木さんですね。

"Look, it's got my name on it," said
Alfie, pointing.
　　Mum said that it was an invitation to
Bernard's birthday tea party.

生徒訳

　ある日のこと、アルフィーは、保育園から、封筒に入ったカード
を持って、家に帰ってきたんだ。親友のバーナードが、くれたんだ
ってさ。

「見て、ぼくの名前が書いてあるよ」名前を指さして、アルフィ

> ーは言ったんだ。
> 　ママが言うには、アルフィーはバーナードのお誕生日のお茶会へ
> 招待されたんだってさ。

　一木さんの訳は、歯切れが良い、個性的な文体ですね。「～んだ」というのは、「～のである」の口語体です。さて訳すにあたっては、どういう感じの文章がいいかを考えるわけですが、一木さんはどんなことを考えましたか？

　一木「主人公が男の子なので、きりっとした文体にしたいと思いました。私は話し言葉で書かれたエッセイが好きなので、そういう感じにしたかったんですが、初めてなのでどこまでやっていいかわからなくて……」

　話し言葉の感じは、うまく出ていますよ。

　ただね、口語調のくだけた文体が、この絵本に合っているかどうかが、問題です。うわー、最初から、大きな問題にぶつかってしまいました。でも避けては通れないので、考えてみましょう。

　この絵本はどういう絵本でしょうか？　まずアルフィーという幼い男の子の日常を、リアリズムで追っています。絵はデッサンがきちんとしたオーソドックスな画風で、暖かく上品な感じですよね。主人公のアルフィーはいたずらっ子やきかん坊ではなくて、どっちかというとおとなしそうでしょ。となると、それほどくだけた文体が似合うとは思えないのですが、どうでしょう？

　一木さんのように、好きな文体があるということは、文章に対する意識が高いということですから、とてもいいことだと思います。一木さんの文体は、たとえばやんちゃ坊主のネズミ君が大暴れするような、遊びがいっぱいの現代的な絵本なら、似合いそうですよ。でも今回の絵本には、やわらかみのあるオーソドックスな文体が合うのではないか、というのが私の提案です。

　もうひとつ、文章の量も考えなくてはなりません。個性的な文体はず

っと続くとうるさくなりがちです。この後ずっと「ナントカなんだ」「ナントカだってさ」と続くと、鼻についてくると思いませんか？　アルフィーの絵本は絵本にしては文の量がかなりありますから、文章の量という理由からも、すんなり読める素直な文体をおすすめします。

　もし一木さんが、くだけた感じを出したいというのであれば、全体をそうするのでなく、部分的に1行か2行を口語文にしてみるといいです。実は、部分的に入れたほうが、印象が強くなって、親しみやすさがかえって表現できるんですよ。個性的な文体を入れるとすると、どこでどう入れるのが効果的なのか、おいおい考えていきましょう。

　基本的には、絵本の文体は「です、ます」調が主流です。なぜかというと、これが語り口調に近くて、声に出して読まれたときにいちばん聞きやすいのです。私も今回「です、ます」調を用いました。もっとも、これでなくてはいけないということはありません。「～た」調でもいいと思います。「～た」調のいい点は、歯切れがよくなって、スピード感が出るところです。

　さて、皆さんに気づいてほしいのは、「帰ってきたんだ」「もらったんだってさ」という口語的な文章は、読者に語りかけていますよね。この読者に語りかける調子というのは、特に絵本では、必要な要素です。一木さんがこれを入れたのは、センスがいいと思います。私も、2行目に使いました。でもね、さっきと同じことですが、この語りかける調子もカンどころで、ピッと入ったときに、効果を発揮します。

　今までのところをまとめると、この絵本は基本的には、素直な文体にすることをおすすめします。そしてどこか適当なところで、口語的な文章や語りかける調子を、ピリッときかせて、メリハリをつけることにしましょう。

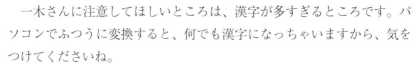

漢字はどのくらい使う？

　一木さんに注意してほしいところは、漢字が多すぎるところです。パソコンでふつうに変換すると、何でも漢字になっちゃいますから、気をつけてくださいね。

　三田「私は全部ひらがなにしました」

　全部ひらがなという絵本が多いですね。でも絵本は、大人が子どもに読んであげるのが基本ですから、必ず全部をひらがなにしなければならない、というものでもありません。今回は文章の量が多いので、全部ひらがなだとスペースが足りなくなるおそれがあります。小学1、2年生で学習する漢字のなかから、適当な漢字を選んで使ったほうが、分かち書きも少なくてすむので、いいと思います。（⇨コラム1）

　小学1、2年生の漢字から選ぶといっても、別に規則があるわけではなく、ひとつの目安ということにすぎません。私もどのくらい漢字を使うか、いつも頭を悩ませて、編集者に相談することが多いです。他に漢字を使う目安としては、動詞よりは名詞を漢字にします。「歌をうたう」のほうが「うたを歌う」と書くよりも、パッと見たときに、意味を取りやすいからです。あとは私は「山」とか「手」とか象形文字は漢字にすることが多いです。象形文字は一種の絵ですから、そこに含まれる絵の情報が、文をわかりやすいものにしてくれるからです。

　漢字をあまり使わないということは、当然漢語をなるべく避けるということです。たとえば「さいかい」とひらがなで書くと、これが果たして「再会」なのか「再開」なのか、それとも「最下位」かあるいは「西海」か、わかりません。「再会」ということが言いたいのだったら、やはり「また、あう」としたほうがいいでしょう。ひらがなを主にするということは、それにふさわしい大和言葉を主に使うということです。結局、古くからなじみのある、私たちがいちばんひんぱんに口にする言葉を使うことになります。

ポイントは招待状

　ふー、最初のページは学ぶことが多くて、なかなか内容に入れません
ね。でもね、私もいつも最初のページには、いちばんたくさんの時間と
エネルギーをかけています。すべりだしがスムーズなら、後は勢いがつ
いてきますから。というわけで、ではやっと中味を見ていきましょう。

　英文は One day で始まっていますが、この「ある日」は省いてもいい
でしょう。これはシリーズ中の1冊なので、「ある日の出来事です」とい
う始まり方をしていますが、これ1冊だけを訳す場合は、最初からスパ
ッと「アルフィーは」で始めたほうが、すっきりします。

　Nursery School は、皆さん、何と訳しましたか？

　一木「辞書を引いたら『保育園』と出ていました」

　ふつうは、保育園ですね。ところが、日本では幼稚園と保育園の区別
がはっきりあって、母親が仕事についている家庭の子どもたちが、保育
園に行くわけです。アルフィーのお母さんは、特に仕事をしておらず、
家にいるようなので、ここは「幼稚園」としたほうがよさそうです。だ
いいち英国には、幼稚園と保育園の区別がないのです。というよりも、
保育園というものがない、と言ったほうがいいかな。日本の保育園のよ
うな公立の機関が存在しないので、それぞれの家で、保育グループとか、
自宅で子どもを見てくれる女性とか、nanny と呼ばれる保育係を雇うとか、
しているようです。

　「誕生日のお茶会」は、英語の通りですね。でも日本では、子どもた
ちは「お茶会」って言うかしら？　tea party だからお食事は出ないで、
ケーキと飲み物の会ということになりますが、日本ではただ「誕生会」
と言っていませんか？

　では次に私の訳を出しておきます。あのね、私の訳はあくまでひとつ
の参考例です。こういうふうにしなくちゃいけない、と思うと、翻訳を
するのがあまり楽しくなくなりますから、皆さんは自分らしい文を書い

てくださいね。

アルフィーが、ようちえんから、帰ってきました。
あれっ、ふうとうに入ったカードをもっていますよ。
いっとうなかよしのバーナードが、くれたんです。

「ほら、ぼくの名まえが書いてあるよ」アルフィーは、じぶんの
名まえのところを、ゆびさしました。
「これ、おたんじょう会の　しょうたいじょうよ」ママが、おし
えてくれました。

　2行目を語りかける調子の文体にしました。ついでにここと次の行は、
現在形にしています。英語はテンス（時制）に厳格で、物語は過去にあ
ったこととして、過去形で書かれるのがふつうです。ところが日本語は
英語ほどテンスに厳しくないのです。だから過去の出来事でも、それを
現在形で語っても、それほど違和感がありません。それどころか、今、
目にしているように言うことで、臨場感をもたらしてくれます。
　この見開き（本書pp.14-15）を見ると、左側の絵と右側の絵の両方で、
アルフィーの視線はカードに集中しています。ここでは、アルフィーが
生まれて初めて招待状なるものをもらったということが大事件なんです
ね。だからこの見開きのポイントはカードです。となると、それが登場
したところはカンどころになります。それでそのカンどころを、語りか
ける調子プラス現在形にして、ピッと浮き立たせたというわけです。
　英語の最後の文章は間接話法ですが、私は直接話法にして、セリフに
ママらしいニュアンスを持たせました。ここは直接話法のほうがアルフ
ィーとのやりとりが鮮明になると思ったからです。また原文では「バー
ナードのおたんじょう会」となっていますが、私は「バーナード」を省

きました。英語の名前は日本語の名前にくらべると、やはりなじみがないので、いくつも出てくると煩雑な印象になってしまうんですね。ここは省いてもまちがう心配のないところですし、何と言っても最初のページなので、とくにすんなり読み進んでもらいたくて、細かい工夫をしています。

やれやれ、やっと最初のページが終わりました。ここでおまけのお楽しみをご紹介しましょう。左側の絵で、アルフィーの足もとに、象のぬいぐるみが転がっているのが、わかりますか？　前回お見せしたアルフィー・シリーズの2番目、*An Evening at Alfie's* で、パジャマを着たアルフィーがかかえているのが、このぬいぐるみです。今回訳す絵本では、このページで一度登場するだけですが、シリーズ全体でひんぱんに登場する、アルフィーのなかよしですから、覚えてあげましょう。ついでにぬいぐるみって、英語で何と言うか、ご存じですか？

四谷「stuffed toy でしたっけ？」

そうですね。stuffed toy とか stuffed animal と言います。辞書にはそう書いてあるんですが、日常的には teddy と言うことが多いんですよ。teddy はもちろん teddy bear のことで、クマのぬいぐるみの意味です。でも別にクマでなくとも、子どものなかよしだと teddy と呼ぶ習慣があります。そういえば私たちも、パンを食べても「朝ごはんを食べた」って言いますよね。「ごはん」はお米を炊いたものですが、それでもって食事全般を代表させているわけです。これと同じで、このぞうさんはアルフィーの teddy です。

ひらがなと漢字

　ひらがなは見た目がやわらかく、子どもたちが最初に習う文字でもあるので、絵本にはひらがなが使われることが多いです。

　ひらがなが並ぶ場合は、分かち書きにすることを忘れないでください。分かち書きとは「がっこうから　かえったら、おさらに　おやつの　みかんと　おせんべいが　のっていました」という具合に、文節ごとにスペースを空けることです。ひらがなは、分かち書きにしないと、読めません。

　どこにスペースを空けるのか、わからなくなったら「ね」を入れてみましょう。「がっこうからね」「かえったらね」「おさらにね」と「ね」を入れておかしくないところは、スペースを空けるべきところというわけです。

　漢字を入れる場合は、だいたいは小学1、2年生で学ぶ漢字を使うことが多いです。とはいえ魔女が出てくる本なら「魔女」や「魔法」、竜退治の騎士が出てくる場合は「竜」と「騎士」など、画数が多くて難しい漢字でも、あえて使うケースもあります。その言葉の重々しさを楽しんだり、強調したりすることができるからです。結局、時と場合によるとしか言いようがないのですが、「きし」とすると「岸」と混同されることもあるので、「騎士」と漢字を使ってルビをふったほうがわかりやすいようです。

　参考までに以下に小学1、2年生で学ぶ漢字の一覧表を入れておきます。

第一学年	一右雨円王音下火花貝学気九体玉金空月犬見 五口校左三山子四糸字耳七車手十出女小上森 人水正生青夕石赤千川先早草足村大男竹中虫 町天田土二日入年白八百文木本名目立力林六 （80字）
第二学年	引羽雲園遠何科夏家歌画回会海絵外角楽活間 丸岩顔汽記帰弓牛魚京強教近兄形計元言原戸 古午後語工公広交光考行高黄合谷国黒今才細 作算止市矢姉思紙寺自時室社弱首秋週春書少 場色食心新親図数西声星晴切雪船線前組走多 太体台地池知茶昼長鳥朝直通弟店点電刀冬当 東答頭同道読内南肉馬売買麦半番父風分聞米 歩母方北毎妹万明鳴毛門夜野友用曜来里理話 （160字）

23

ははは、笑った

　ひらがなで書くときは、分かち書きにする必要があることは
もうお話しました。でも分かち書きにしたからといって、安
心はできません。字の見た目（字面といいます）が悪いことも
あるので、点検が必要です。

　例をあげてみましょう。

　「ははは　わらった」とあったら、これは「ハハハ　笑った」
なのか、「母は　笑った」なのか、わかりません。

　「はは　しろい」となると「歯は、白い」のか「母、白い」な
のか、迷ってしまいます。

　書いているときには、案外気がつかないものなので、書いた
あとでしっかり推敲してくださいね。

Chapter
3

この子は、
　こういう子どもなんです

メリハリをきかせる

お気にいりの古い毛布

<コラム3> タオルっ子の絵本、
　　　　　 お誕生会の絵本

<コラム4> 翻訳で失われるもの

Mum had bought some crayons for Alfie to give Bernard for his birthday present. While she was wrapping them up, Alfie went upstairs. He looked under his pillow and found his old bit of blanket which he kept in bed with him at night.

He brought it downstairs, and sat down to wait for Mum.

メリハリをきかせる

　さてお誕生会の当日になると、アルフィーは、初めて出かけるバーナードの家が、何だかこわくなってきます。ママは送っていってくれるだけで、アルフィーを置いて帰ってしまうというし……。そのあたりは割愛して、今回はその次の、不安になったアルフィーが、自分が頼りにしている毛布を持ってくるところを見ていきましょう。

　翻訳にとりかかる前に、まずは絵をよく見てください。緊張している
アルフィーの後ろ姿や、毛布をかかえて指しゃぶりをしている様子から
も、この子の性格がよく出ているでしょ？　ヒューズとか、林明子さん
とかは、子どものからだ全体で、その子の感情を描くのが上手ですね。
ヒューズの描く子どもたちは、とってもかわいいと私は思うんですが、
そうでないですか？

　五島「色づかいが茶色っぽいんで、最初のうちは、地味だなぁと思っ
ていました。でも慣れてきたら、すごくかわいいな、と思うようになり
ました」

　二岡「うちの子はまだ3歳ですから、この絵本は難しすぎるだろうと
思っていました。でも私が勉強しているのをのぞいてきて、読んで読ん
でと言うんです。読んであげたら、喜んで聞いていましたよ。アルフィ
ーって言えないので、アッくんのご本と言って、気に入っています」

　二岡さんちのお子さんはきっと、お母さんとこの絵本をshareするのが
うれしいのね。私の経験でも、子どもたちはこの絵本や、ほかのシャー
リー・ヒューズの絵本もたいてい気に入ってくれるんですよ。

　さて、ここの担当は、二岡さんでしたね。

生徒訳

　ママは、アルフィーがバーナードにもっていくプレゼント用にと、
クレヨンを買ってありました。ママがそれをつつんでいるあいだに、
アルフィーは二かいに行きました。アルフィーはまくらの下をさが
しました。夜、いつもベッドに入れている、古ぼけたもうふのきれ
はしを見つけました。

　アルフィーはこれをかいだんの下までもってきて、ママがつつみ
おわるのを、すわってまっていました。

二岡さんは英語をきちんと読んで、ていねいに訳してくれています。最初の英文had boughtは過去完了ですから、ママはクレヨンを、この日より前に買っておいてくれたんですね。そこをちゃんと訳してあります。

　「ママ」という主語に対応する述語は「買ってありました」と、文のいちばん最後にあります。ふつうの大人向けの文章なら、二岡さんの文章はあいだが空きすぎというほどではありませんが、これは子ども向けなので、よりわかりやすくするために、<u>主語と述語のあいだはなるべくつめる努力をしましょう</u>。「ママは」は「クレヨンを」の前に持ってきたほうがいいです。

　ついでに言うと、最初の文は「ママは」で始まり、その後に「アルフィーは」で始まる文章が3つありますよね。これだけ短いなかに、「〜は」が4つあると、全体が単調になって、読者は退屈してしまうんですね。あのね、私たち読者って、とってもわがままで、同じような文章が続くと「退屈」、飛躍があると「わかりにくい」、ていねいに訳しすぎると今度は「もたもたしている」と、要求が厳しいのよね。読む側に楽をしてもらうためには、作る側は神経を細やかに使わなくてはなりません。あっ、これって、どこの世界も同じですよね。とにかく、<u>読みやすい文というのは、メリハリのある文です。では何がメリハリか、まず覚えてほしいのは、同じような文を続けないということです。</u>

　特に絵本の翻訳は、内容をきちんと伝えながらも、日本語として魅力のある文であってほしいです。私は「バーナードにあげるプレゼントは、クレヨンのセットです」とまず訳して、その後に「ママが、買っておいてくれました」と続けました。

お気にいりの古い毛布

　wrapは、プレゼントを包装するという意味ですが、ただ包むだけでなく「きれいに包む」とか、または「リボンをかける」などという言い方

もありますよ。

　次のgo upstairsは、二岡さんが訳したように「二かいに行く」ということですが、どうしてアルフィーは2階に行ったんでしょうか？　英米の家は、下がリビングルームで、2階にベッドルームがあるというケースがほとんどなので、この子は自分のベッドルームへ行ったんですね。そして自分のベッドから、お守りみたいな古い毛布をひっぱりだしたというわけです。小さい子が毛布とかタオルとかを触って、安心するというのはよくありますよね。

　三田「うちの子は、タオルっ子でした」

　そうなの？　うちの娘は、昔は寝る前に、必ず私の首に触りたがったので「くびっ子」でした（笑）。ティーンエイジャーとなった今では「うざい」とか言って、近寄りもしないのが悲しいです。でもね、ほんのときたま、くまさんだっこをしに、膝に乗りにくることがあって、これは小さいとき読んであげた絵本のおかげです。(⇨コラム4)　さて、おなじみの毛布がテーマとなった絵本は、日本よりも欧米のほうがたくさんあるのは、あちらは小さいときから子どもを独立した寝室でひとりで寝かせるからでしょう。

　old bit of blanketは「古ぼけたもうふのきれはし」で意味はその通りですが、皆さんはここをどう訳しましたか？

　四谷「『ちっちゃなもうふ』としました」

　一木「私はこの毛布に『モーフィちゃん』という名前をつけたんですが……」

　そういえばケビン・ヘンクス作の『いつもいっしょ』（金原瑞人訳、あすなろ書房）では、古タオルに「フワフワーノ」という名前がつけられていました。(⇨コラム3)　あのね、もし毛布が主役に近い存在だったら、原作者が名前をつけたかもしれませんね。でもこの絵本では、毛布は非常に大切な脇役ですが、主役ではないんですね。「モーフィちゃん」とすると、かわいらしすぎて、毛布がひとり歩きしてしまいそうです。避

けたほうが無難だけど、でも名前をつけてはどうかという工夫はいいで
すね。いつも無難な翻訳を目指すより、大いに工夫してください。この
教室は、冒険歓迎、まちがいはもっと歓迎です。でもね、同時に自分の
工夫を厳しい目で見つめるもうひとつの目も必要で、ここは控えたほう
がいい、と私は思います。

　翻訳者というのは、一方で作者の頭のなかにもぐりこんで、内容を理
解する必要があります。でももう一方では、読者の頭のなかにもぐりこ
んで、その文章がよくわかるかどうか、点検する必要があります。作者
と読者の仲立ちをする仕事なんですね。作者への理解はホットに、読者
としての点検はクールに、をモットーにしてくださいね。

　三田「そういえば、うちでは、子どもが離さないバスタオルを『赤ち
ゃんタオル』と呼んでいました」

　あ、それ、いいですね。「あかちゃんもうふ」というふうに、どこか
で使えそうです。赤ちゃんのときからずっと手放さないという意味と「そ
れを手放さないなんて、赤ちゃんね！」というちょっとした非難の意味
もありそうです。アルフィーより、ママがそう呼びそうよね。アルフィ
ーの毛布は特別の毛布なんだということを説明することにもなるので、
とてもいい言い方だと思います。

　懸案の old bit of blanket ですが、まず old は「古い」という意味と「なじ
んだ（ゆえに、いとしい）」という意味の両方があることを知ってくだ
さい。この毛布はもちろん古いのですが、ここでは「ずっとお世話にな
っている毛布」というニュアンスです。bit of ですが、bit of land と言えば
「少しばかりの土地」という意味です。だから「もうふのきれはし」と
いう訳は正しいです。でも「きれはし」と言うと、はぎれくらいに小さ
いイメージになりませんか。切ってあるかどうかはわかりませんが、絵
を見ると、かなり大きいでしょ。そのかなり大きな毛布をかついでお誕
生会に出かけるというのが、おかしいのよね。だから「はぎれ」のイメ
ージにしてしまっては、もったいないです。

灰島 訳

　バーナードにあげるプレゼントは、クレヨンのセットです。ママが、買っておいてくれました。ママにリボンをかけてもらっているあいだに、アルフィーはにかいに行って、じぶんのベッドから、小さいもうふを引っぱりだしました。あかちゃんのころからつかっている、だいじなもうふで、いまでもいっしょにねむっています。

　アルフィーはもうふをかかえて下におりると、すわってママをまちました。

　日本では親子は川の字で寝ることが多いので、毛布やタオルに頼る子は、欧米ほど多いわけではありません。ですから「あかちゃんもうふ」というものを、わかる人はわかるけど、わからない人もいるかもしれません。それでさりげなく、少し解説を加えています。ここは、新しい体験にそなえているアルフィーが、毛布に頼って、そのうえ指しゃぶりもして必死というところがポイントなので、このくらい補っていいでしょう。

　26ページの上の絵を見てください。アルフィーの後ろ姿は、ひざが曲がっていて、おしりをちょっと後につき出していて、いかにも自信がなさそうです。お誕生会には行きたいけど、でも知らないおうちにママなしでひとりでいるなんて、と不安になってしまったので、毛布を引っぱりだしに来たのですから、こんなふうに及び腰になっているわけです。ここはアルフィーの気持ちがよく出ていますね。

　もうひとつ、アルフィーの向きに注目してください。ここでは左側、つまりページをめくる方向とは反対を向いているでしょ？　この絵は、アルフィーの向きだけで、読者にアルフィーがネガティブな状態であることを語ってくれています。絵本はページをめくるメディアなんですね。ページをめくるごとに新しい世界が開けていきます。だからページをめ

くる方向に進んでいくのが、ポジティブな進行ということになります。英語の本のように文が横書きだと、ページも右へ右へと進んでいきますから、登場人物が右向きに進むのがポジティブな方向です。ほら、絵本の次のページ（本書p.40）で、バーナードの家に向かうアルフィーを見てください。ページの右に向かって歩いているでしょう。これが、もどってくるときとか、ネガティブな感情のときは、逆に左向きとなります。

　というわけで、ここでアルフィーが左向きで、毛布を取ろうとしているのは、絵本の文法にしたがって、アルフィーのネガティブな気持ちを伝えているということです。作家は本能的にそうしてしまうので、考えての結果ではないでしょう。とはいえ、絵本の文法の基本中の基本ですので、覚えてくださいね。

　今では日本の絵本も、横書きのものが多くなりましたが、ある時期までは、ほとんどが縦書きでした。1953年に発行が開始された岩波子どもの本は、日本の絵本はもちろん翻訳物も縦書きにしていました。ところが縦書きにするということは、本を開く方向が原書とは逆になるということで、それにあわせて、絵の流れも逆向きにしなくてはなりません。下の図はマージョリー・フラックの絵本ですが（『おかあさん　だいすき』［光吉夏弥編訳、岩波書店］という日本語版の表紙を見てください）、実

は、表紙の絵というのが別にあるわけではなく、中から1枚を取っているので、その元になった絵を英語版から探してみましょう。それが右側の絵ですが、男の子の向きが逆になっているでしょ？　日本語版は逆版と言って、元の絵を裏返しにして印刷しているんです。少し不自然なところが出るようですが、でもこうやって向きを逆にしないと、絵がお話にそって進んでいかない、ということがよくわかる例だと思います。

タオルっ子の絵本、お誕生会の絵本

　子どもが手放せない毛布やタオ
ルが登場する絵本は、楽しいもの
がたくさんありますが、おすすめ
は『いつもいっしょ』（ケビン・ヘ
ンクス作、あすなろ書房）です。
原題は Owen で、オーウェンとい
う名前のネズミの男の子が主人公。
オーウェンは古くなった黄色のバ
スタオルの「フワフワーノ」を離

せません。"fuzzy" を「フワフワーノ」と訳した金原瑞人さん
の翻訳、ステキですね。いつもオーウェンに引きずられている
ので、フワフワーノは汚いし、ボロボロ。それにオーウェンは
そろそろ学校に行く年になるのですから、タオルを離せるよう
にしなくては。おとなりのおばさんが「お酢につけて、いやな
匂いにしておくといいわよ」とか「眠っているあいだに妖精さ

んが持っていったことにするのよ」
とか、教えてくれるのですが、何
をやってもオーウェンは断固、フ
ワフワーノを離しません。でも最
後にママがいいことを思いつきます。
ハサミを使って、ミシンでカタカタ。
どうなったかは絵本を見てくださ
いね。結果はもちろん、めでたし
めでたし。登場キャラクターのな

かでは、悪役のとなりのおばさんがおもしろいです。

　お誕生日を描いた絵本は傑作がたくさんありますが、おすすめするのは、これ。『フランシスとたんじょうび』（ラッセル・ホーバン文、リリアン・ホーバン絵、好学社）。あなぐまのフランシスちゃんのシリーズですが、1作目の『おやすみなさいフランシス』（福音館書店）だけは絵をガース・ウィリアムズが描いていて、他の4作品は、当時ラッセル・ホーバンの奥さんだったリリアンが描いています（ご夫婦で絵と文を分担する絵本作家は何組かすぐ思い浮かぶのですが、どうも離婚するケースも多いようです）。

　『フランシスのたんじょうび』でなくて、これはフランシスの妹の誕生日の話です。フランシスは妹にやきもちを焼いたり、意地悪したり。ラッセル・ホーバンは、フランシスの気持ちを実にいきいきと伝えてくれるので、絵本1冊に小説1冊分以上の中味がつまっています。松岡享子さんの翻訳は、これぞお手本という巧さ。特に女の子の会話が、ベタベタしたところなどみじんもないのに、とってもかわいいです。

翻訳で失われるもの

　残念ながら、翻訳することで、見えなくなってしまうものというのは存在します。たとえばマージョリー・フラックの『おかあさんのたんじょう日』を見てみましょう。原作はアメリカで1932年に出版されましたが、日本で翻訳が出たのは、1954年です。

　原題は *Ask Mr. Bear*（くまのおじさんに聞いてごらん）です。主人公の男の子ダニーは、おかあさんの誕生日に何をプレゼントしたらいいかわかりません。めんどりから始まって次々に動物たちに聞いていったのですが、なかなかいい考えに当たりません。でも最後に森のくまさんがいいことを教えてくれます。

　最後のページはダニーがおかあさんの首にしがみついている絵で、光吉夏弥さんの翻訳は「だにーは、おかあさんの　くびに、ぎゅっと　だきつきました。そうやって　ほおずりして　あげるのが、いちばんいい　おくりものだよ　と、くまさんが　おしえて　くれたからでした。」となっています。

　でもここは英文ではDanny gave his mother a Big Birthday Bear Hug.とたった1行です。つまりくまさんが教えてくれたいいことというのは、「ベアハグ＝くまさんだっこ」だったんですね。首にかじりつくだっこのことを英語でベアハグというのですが、そのベアハグをベアが教えてくれたというところが、おもしろさのポイントというわけです。

　翻訳者の光吉夏弥さんも今翻訳するとしたら、1950年代とは違うふうに訳すのではないでしょうか。おそらく「ダニーは、くまさんにおそわった　くまさんだっこを　プレゼントしました。」

のような訳になるのではないかと思います。今では首にかじり
つくだっこが、ふつうのことなので、こう訳して何の問題もあ
りません。ところが最初に翻訳が出た1954年だと、かじりつ
くだっこのような愛情表現は、大胆過ぎて奇異に映ったのだと
思います。そのために、くまさんだっこを入れず、おかあさん
への頬ずりのほうが日本の読者にはなじむだろうという判断が
あったのでしょう（私の想像ですが）。

　光吉さんはたくさんの絵本を訳したすぐれた翻訳家ですが、
この絵本は残念ながら、いちばんおもしろいところを失ってし
まっています。それでもロングセラーとして売れ続けているの
ですから、大したものですね。

Chapter 4

さりげないところって、案外むずかしいもの

要領よく短めに

"廊下"はすっきり訳す

そのセリフだれの？

＜コラム5＞ あなたの問題

"You won't want your old blanket at the party," said Mum, when it was time to go.

But Alfie wouldn't leave his blanket behind. He held it tightly with one hand, and Bernard's present with the other, all the way to Bernard's house.

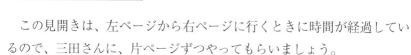

要領よく短めに

　この見開きは、左ページから右ページに行くときに時間が経過しているので、三田さんに、片ページずつやってもらいましょう。

When they got there, Bernard's Mum opened the door.
"Hello, Alfie," she said. "Let's go into the garden
and find Bernard and the others."
Then Mum gave Alfie a kiss and said good-bye,
and went off to the park with Annie Rose.

生徒訳

「あらまあ、アルフィー。おたんじょう会に行くのに、そのあか
ちゃんもうふは　ひつようないでしょう」家を出るじかんになって、
おかあさんが言いました。

　でもアルフィーは、もうふをのこしていくのは　いやでした。か

たいっぽうの手にぎゅうっとにぎりしめています。そしてもういっぽうの手で　バーナードにあげるプレゼントをかかえました。バーナードの家まで、ずっとそんなかっこうで、行きました。

　お母さんはyou won't want と未来形を使っていて「パーティにそんなものを持っていったら、じゃまになるわよ」と言っているんですね。三田さんはここのところを正確に読みとっています。ところがアルフィーはwouldn't leave his blanket behindと、こちらは過去形です。これは意志を示すwillですので、どうしても置いていかない、と強い意志が入っているわけです。だから三田さんのように「いやでした」と訳すのも、いいと思います。ていねいな訳ですし、途中に現在形を入れるというテクニックも、早速使っていますね。

　ただ色々なところが、少々長いかな。翻訳をすると、どうしても元の英文より、長くなります。ところが絵本は、文を入れるスペースは決まっているので、要領よく短めにする工夫も必要です。まずはスペースの心配よりも、きちんと訳すことを心がけてほしいのですが、それでも必要以上に長くしない、ということは大切です。

　三田さんはその次の英語の一文を、3つの文章にしています。英文ではhe＝アルフィーが主語ですが、三田さんの文章のなかではこのhe は省かれています。heやsheをそのまま「彼」や「彼女」とすることは、絵本の翻訳ではほぼないでしょう。三田さんは上手に省略していますね。次の段落（次ページ）でも代名詞が出てきますが、ええっと、ここでお話してしまうことにしましょう。

　heやsheを省略できないときは、どうするかというと、アルフィーならアルフィーという固有名詞を使うというのがひとつの選択です。でも同じ固有名詞が続くとうるさいときには、どうしたらいいでしょうか？

　たとえばMr. Hughesならまだいいのですが、Mr. Waterstoneという長めの名前だと、いちいち「ウォーターストーンさん」と書いていると、わ

ずらわしいです。そういう場合は、役割を持ってくるとうまくいくことが多いので、テクニックとして覚えておいてくださいね。「ウォーターストーンさん」の代わりに、「大工さん」「社長さん」とか「お店のおじさん」、「奥さん」や「○○ちゃんのお母さん」というのも使えます。一度使えば次からは、ただ「おじさん」「お母さん」とすることもできます。三田さんはこの次の段落で「バーナードのおかあさん」と、うまく使っていますね。そういえば、女性は「××さんちの奥さん」とか「○○ちゃんのママ」とばかり呼ばれて、自分自身の名前を呼ばれるチャンスがない、と嘆くことがあります。私も役割名で人を呼ぶことをそういいことだとは思いませんが、日本語では、うんと親密な間柄以外では、役割で呼ぶのが習慣になってますからね。

さて、話が横道にそれましたが、三田さんは文章を短く切ったために、歯切れがよくなっていますよね。ところがこうすると「ひとつの手には毛布、もういっぽうにはプレゼント」というおもしろさが出にくいです。こんなふうにしては、どうでしょう？

灰島 訳

　「あれ、そのあかちゃんもうふ、おたんじょう会にはいらないでしょ」出かけるときに、ママが言いました。

　でもアルフィーは、もうふ　はなそうとしません。けっきょく、かた手でもうふをかかえて、もうひとつの手にプレゼントをかかえて、バーナードのおうちに行きました。

"廊下" はすっきり訳す

では、右側のページをお願いします。

生徒 訳

　三人がバーナードのおうちにつくと、バーナードのおかあさんが、ドアをあけてくれました。
　「こんにちは、アルフィー」バーナードのおかあさんが言いました。「さあ、おにわに行って、バーナードやお友だちを探しましょう」
　それからアルフィーのおかあさんは、アルフィーにキスをして、さよならと言うと、アニー・ローズといっしょに、公園へ行ってしまいました。

　このページは、何と言うことはないところですが、皆さん訳しにくくありませんでしたか？　こういうさりげないところは、けっこう難しいんですよ。さりげないところというのは、出来事と出来事を結ぶ"廊下"にあたります。廊下の役割は、部屋（＝場面）と部屋をつなぐことですが、廊下がすっきり整っていると、建物（＝物語）全体の構造がはっきりします。だからさりげなく、でもクリアに訳すことが大事です。

　三田さんは、she をさけて「バーナードのおかあさん」としているのは、とてもいいです。ところが「バーナードのおうち」に続けて「バーナードのおかあさん」と続くと、これは少々うるさくないですか？　ここは何とかひとつですむ工夫をしたいところです。

　open the door は「ドアを開ける」ですが「歓迎する」というニュアンスが含まれています。だから「でむかえてくれました」とするのもひとつの手です。

　さて出迎えてくれた人は、相手に何と言うでしょうか？　英語だと「hello」ですが、日本語では「いらっしゃい」ではありませんか？　ここは、や

はりこの言葉が欲しいです。ところで「ただいま」や「おかえりなさい」も英語ではみんなhelloですから、訳すときに気をつけてくださいね。

そのセリフだれの？

　短いセリフの後に、それを誰が言ったのかを示して、それから長いセリフが続くという会話の書き方は、英文ではよく目にします。なぜこう書くかというと、英語ではセリフが誰のものか、パッと読んだだけではわからないことが多いからです。最初に説明しましたが、日本語なら「こまったわ」なら成人女性、「こまったことになったぞ」は成人男性、「こまっちゃったな」だと若い人とか子どもと判断がつくので、たったひとことでも誰が言ったのかだいたいわかりますよね。前にもお話しましたが、語尾がさまざまに変化するというのが日本語の特徴です。

　ということはつまり、英語で短いひとことがあった後につづく〜saidは、日本語に訳したときに誰がそれを言ったかが明確でありさえすれば、いちいち訳さなくていいのです。これを省略して、分断されているセリフをひとつにまとめてしまったほうが、すっきりします。

　とはいえ、必ずそうしなければいけない、というものではありません。短いひとことがあって、そこで一呼吸おいたほうが、効果を発する場合もあります。たとえば

　「そうよね」ジェインの目がギラリと光った。「とっくに知ってたわ」

このケースでは「そうよね」と言った直後に目がギラリとしているわけで、間が空いていることに意味があるのです。こういう場合はもちろんそのままの形で訳してください。でもこれは特殊なケースで、ふつうはまとめたほうがすっきりすることが多いです。

　さてバーナードのお母さんのセリフも、もう少し実際の話し言葉に近づけて、こんなふうに訳してみました。

　「いらっしゃい、アルフィー。バーナードもおともだちも、おにわにいるわよ」げんかんで、バーナードのママが出むかえてくれました。
　ママは、アルフィーに「バイバイ」のキスをすると、アニー・ローズをつれて、こうえんに行ってしまいました。

　玄関を英語で何と言うか、頭で考えると、porch とか entrance が思い浮かびませんか？　ところが和英辞典で引くと、最初に front door と出ています。玄関で靴を脱がない欧米では、玄関とは「玄関のドア」を指すんですね。だから英文で「ドアを開ける」は、日本では「玄関で出迎える」としたほうがピンときます。これは特に目立つところではありませんが、こういうところがこなれた日本語になっていると、全体がなめらかに仕上がります。

　三田さんが訳したアルフィーのママのセリフ「さよなら」は、この場合は「バイバイ」でしょう。お母さんが子どもに「さよなら」と言うと、長の別れみたいじゃないですか？　ここの英文はそのまま訳すと「ママはアルフィーにキスすると、『バイバイ』と言って〜」ですが、私は「『バイバイ』のキスをすると〜」にしました。日本では「おやすみのチュッ」はしても、人前で子どもにキスすることは、それほど一般的ではありません。「キス」という言葉にまったく抵抗のない人もいますが、気恥ずかしさを感じる人もいるでしょ？　「バイバイのキス」とすれば、微妙ですが、抵抗感がやわらぐように思います。

　ところでこの玄関先の左下に、牛乳の空びんが置いてあるのがわかるでしょうか？　日本の牛乳びんよりぐっと大型で、1リットル入りです。英国では、新聞の宅配は少ないですが、牛乳は宅配されています。スーパーでパック入りのミルクを買うこともできますが、昔ながらの牛乳びんに入ったミルクのほうが新鮮でおいしいので、宅配してもらうことが

多いようです。milkman と呼ばれる牛乳配達が、早朝牛乳びんをガチャ
ガチャいわせて1軒1軒配っていくのは、英国の朝の風物詩なんですよ。
この牛乳びんには、何かメモが入っているようですが「週末は出かける
ので牛乳はいりません」とか「金曜日には特別に3本お願いします」と
かそういうことをメモして、こういうふうに牛乳びんに入れておきます。
きっとバーナードのママは、誕生会用に余分の牛乳を買って、来週は元
通りに、なんて指示を書いていれてあるのかな、などと空想しました。

「あなた」の問題

　代名詞の訳し方は、頭を悩ますことが多いです。英語なら、だれが、いつ、どこで言っても一人称は I とシンプルですが、これを翻訳すると「ぼく」か「おれ」か、それとも「わたし」か「あたし」か、現在日常的には使われない「わがはい」や「拙者」もあり、どれを選ぶかによって、基本的なトーンが決まってきます。

　今の男の子たちの会話を聞いていると、幼稚園や保育園の男の子たちは「オレ」とオにアクセントを置くことが多いですね。しかし実際にそうだからといって、英米の男の子にも「オレ」と言わせると、珍妙です。

　また女の子たちの会話を聞いていると「公園に行きたいわ」などの語尾に「わ」をつける話し方は、あまりされていません。もっとジェンダーフリー（？）で、ときにはずいぶん乱暴に聞こえます。私も、子どもの本に出てくる女の子たちに、ことさら女性的な「〜わ」「〜ね」という言葉遣いを押しつけたくはありません。ニュートラルで、しかも乱暴でない話し方はないものか、といつも探しています。でも本のなかでは、時と場合によっては「そうよね」という言葉遣いをさせないと、かえって不自然なこともあります。実際の話し方とはまた別に、書かれたときに本当らしい表現というのもあるんですね。

　それでも一人称や三人称は、まだいいのです。いちばん難しいのは、二人称のyouではないでしょうか。「あなた」はていねいに聞こえますが、これは目上の人に向かっては使えない言葉です。先生が生徒に「おまえ」でなく「あなた」と言えば、て

いねいです。でも生徒が先生に向かって「あなた」と言う場合は「あなたの言うことなんか、信用できない」と相手をおとしめたいときで、ふつうは「先生はどうお考えですか？」という具合に「先生」を使うでしょう。

　「オタク」というカタカナ言葉は「あいつはオタクだ」のように特別の意味が定着してしまいましたが、日本の社会では「あなた」の代わりに「あなたの家＝お宅」という、婉曲な表現が好まれてきたのです。たとえばサラリーマンだったら、部長が部下に言うなら「きみ、今晩はどうするんだね？」ですし、逆に部下が部長になら「部長、今夜はどうなさるんですか？」です。困るのは同僚の場合で、そういうとき「おたく、今夜はどうする？」という具合に使うわけです。つまり日本語の会話では、二人称としての「あなた」はあまり使われないのです。

　絵本や子どもの本では、ときどきWhat do you think?　など、読者に直接語りかける表現が出てきます。そういう場合は「ね、そのときどうしたと思いますか？」とyouは省略することが多いです。

　ところが絵本全部がyouという二人称で書かれていたら、どうでしょうか。

　二人称で書かれた絵本でいちばん有名なものは『すばらしいとき』（ロバート・マックロスキー作、渡辺茂男訳、福音館書店）でしょう。海辺で夏の休暇を過ごす一家の物

語です。

　訳者の渡辺茂男さんは、このyouを何と訳すべきか、思案し続けていたことを、エッセイ集『すばらしいとき——絵本との出会い』（大和書房）に書いています。初めに翻訳を読んだときには、私はなんの疑問も感じませんでしたが、改めて英語版を読んでみると、作者が読者の子どもたちに語りかけているのか、それとも自分の娘たちにか、どちらとも取れるのです。

　やがて渡辺さんは、この絵本の背景となっているメイン州の小島を訪れ、マックロスキー本人やその家族とともに数日を過ごします。そのとき初めて、若かったマックロスキーが自分の娘たちに向かって語りかけたのだということを得心したそうです。この絵本を訳したいと初めて思ってから、20年が過ぎていました。絵本のなかのyouは「おまえ」とか「おまえたち」と訳されていますが、父親が娘たちに語りかけているのをはっきりと感じさせる「おまえ」であり「おまえたち」です。おかげで娘たちを見守る父親の視線が、ページのすみずみにまで感じられて、何とも暖かく魅力的な絵本になっています。20年という年月をかけて絵本を翻訳することは、誰にでもできることではありませんが、それだけの厚みのある名訳だと思います。

Chapter 5

おたんじょう日のプレゼント、
反応もいろいろ

文章が出てきた由来は？

押してもダメなら、引くこと

心情をくみとって訳す

＜コラム6＞ お誕生会事情

"Happy birthday!" Alfie remembered to say, and he gave Bernard his present. Bernard pulled off the paper.

"Crayons! How lovely!" said Bernard's Mum. "Say thank you, Bernard."
"Thank you," said Bernard. But do you know what he did then?

文章が出てきた由来は？

　バーナードのママがアルフィーを、みんなのいるお庭に案内してくれます。「その毛布はみんなのコートといっしょに置いておけば？」と言われますが、アルフィーは断固毛布をかかえたまま。まだまだ緊張していて、毛布がないと不安なのです。今回訳すのは、その次のページ、アルフィーがプレゼントを渡すところです。

He threw the crayons up in the air. They landed all over the grass.

"That was a silly thing to do," said Bernard's Mum, as she picked up the crayons and put them away.

　さあ、話題のバーナードを見てください。バーナードとアルフィー、ふたりの性格の違いが絵によく現れています。おっとりした感じのアルフィーは、ぽっちゃりしていて、大事な毛布をかついでいます。かたやバーナードはすばしこくて、きかん気そう。アルフィーがプレゼントを差しだしているのに、この子はそのプレゼントを見ないで、アルフィーを見ていますよね。なぜだかわかりますか？　たぶんバーナードは、プレゼントにちらと目をやると電光石火、その瞬間にビリビリと包み紙を

やぶくのでしょう。あまりに素早く動くものだから、プレゼントを見た
その瞬間は描写することもできません、とそんなことをシャーリー・ヒ
ューズは語っているように、私には思えるんですが……

　では担当の四谷さん、お願いします。

生徒訳

　「おたんじょうび　おめでとう」とアルフィーはわすれずに言うと、
もってきたプレゼントを、バーナードにわたしました。バーナード
は、ほうそう紙をビリビリとひっぱってはがしました。

　このページは文章が少々長いので、ここでいったん切りましょう。英
語の得意な四谷さんだけあって、英語のとりまちがいはひとつもありま
せん。

　remember to sayは、四谷さんの訳文どおり「わすれずに言う」という
意味です。さて皆さん、ちょっとだけ英文法を思い出してくださいね。
次のふたつの英文を比較してみてください。

　（1）I remembered to say "thank you".

　（2）I remembered saying "thank you".

　このふたつの文は似ていますが、意味が違うのがわかりますか。（1）
のように後ろに不定詞が来る文章は、たとえばこういう場合に使います。
「あたし、忘れずに『ありがとう』って言ったわよ（だからママ、心配
しないで）」。ところが（2）のように動名詞（〜ing）が来るのは、「私
は『ありがとう』と言ったことは覚えていた（それなのにあの人の名前
は思い出せない）」というケースです。つまり（1）だと、忘れずにto do
したという意味ですが、（2）だと、〜ingしたことを覚えていることに
なります。絵本の翻訳をしたいという人は、理屈っぽい文法は苦手とい
う人が多いようです。でも、英文法は翻訳者の絶大なる味方ですよ。

　あのね、いいことをお教えします。文法の本で、意外に使いやすいの

は、受験参考書なんです。『英文和訳30例．これで大学受験は恐くない』というような参考書を1冊、手元に置いて、たまにひっくり返してみるといいです。今回紹介した例も、出ていると思いますよ。私は近所の高校生が受験参考書を捨てたのを、ゴミ置き場から1冊もらってきました（笑）。とっても役に立っていますよ。学校では文法が苦手だった人も、今は必要に迫られて読むので、よく身につくと思います。

　横道にそれましたが、四谷さんの訳し方は正しいです。ただ私はここをもう少し強調したいと思いました。なぜかと言うと、ええっと、この文章ですが、いったいどうしてここに出てきたんでしょうか？

　四谷「『おたんじょうび、おめでとう』と言いなさい、とママに教わってきて、それを忘れなかった、という意味だと思います」

　そうそう、そのとおりです。たぶん「バーナードに会ったら、何て言うの？」なんてさんざん練習をしてきて、それを忘れずにちゃんと言えた、そういうことなんだと思います。このニュアンスを伝えたいので、私は「アルフィーはちゃんと言えました」として、ここで区切りました。文章を読むというのは、その文が含んでいることを読みとることなんですね。この文章がなぜ出てきたのか、その由来というか、背景に思いを馳せてください。

　pull off the paper を「ビリビリはがす」としたのは、とてもいいですね。擬音語については、次回にお話しますが、「ビリビリ」という音が効果的で、動作が見えるようです。ただ「ほうそう紙」は「つつみ」のほうがいいです。「包装紙」は音読みですから、漢語ですよね。「包み」と言えば、これは訓読みで、つまり大和言葉です。ひらがなを多用する絵本の翻訳では、大和言葉を使ったほうがいいことはもうお話しましたが、大和言葉というのは訓読みの言葉です。たとえば「二重（にじゅう）」は「二つ重ねる」とすると訓読みになって、大和言葉になります。「おもしを　にじゅうに　して」では「重石を二重にして」か「重石を二十にして」だか区別がつきません。「おもしを ふたつ かさねて」としたほうが、わかり

やすいというわけです。

「おたんじょうび、おめでとう」アルフィーは　ちゃんと言えました。プレゼントをわたすと、バーナードはつつみをビリビリやぶきました。

押してもダメなら、引くこと

残りの訳を出してもらう前に、翻訳のコツをひとつお教えします。それは「押してもダメなら引いてみな」。ここの訳で四谷さんは、remember to say を「おぼえていました」でなく「わすれずに」と否定文で訳しましたよね。これ、とてもいいです。どうも日本語は否定文が好きなようで、否定文にするとすんなり決まることがあります。

たとえば、He was right を「あの人は正しかった」とするのでなく、「あの人はまちがってなかった」としたほうが、ピンときませんか？

会話のなかでも「お酒が好き」と言う代わりに「お酒はきらいじゃないもんで」なんて言うでしょ。どうも文章がなめらかじゃないな、なんていうときは、否定文を試してみるのもいいですよ。

心情をくみとって訳す

では残りはまとめて、お願いします。

「クレヨンよ！　まあ、ステキ！」とバーナードのママが言いました。「バーナード、ありがとうを言いなさい」
「ありがとう」とバーナードは言いました。けれども　そのあと、

> バーナードは、どうしたとおもいますか？
>
> 　バーナードはクレヨンを　空中にほうりなげてしまったのです。クレヨンは、しばふの上にちらばって落ちました。
> 　バーナードのママはクレヨンをひろいあげて、かたづけながら「あらあら、バカなことをして……」と言いました。

　アルフィーのママがプレゼントとして持たせたものは、クレヨンだったんですね。クレヨンなら実用的だし、ちょっと教育的でもあるし、お母さんがいかにも選びそうなものです。そういえばうちの娘は幼稚園に通っていたころ、お誕生日とクリスマスに、24色入りの美しい色鉛筆セットと、36色入りのゴージャスな色鉛筆セットと、72色入りのクレヨンをもらったことがあります。でも小学校に入学したら、あまり色数の多いものはダメと言われて、12色入りの色鉛筆セットをわざわざ買わなくてはならず、悲しかったです。

　そんなぐあいにお母さんたちには人気のクレヨンですが、バーナードのような男の子が喜ぶかというと、どうもそうはいかないようです。後で出てきますが、この子がいちばん気に入ったプレゼントは、トラのマスクでしたから。さあ、こういう心情を理解したうえで、訳していきましょう。

　最初のバーナードのママの言葉を、もう一押し、実際にお母さんが口にしそうな言葉に近づけたいところです。Say thank you は「ありがとうは？」と言いませんか？　「ごめんなさいは？」とか「いただきますは？」とお母さんは子どもによく言いますよ。

　この段落の最後の英文は、語りかけの疑問文になっています。読者に臨場感を持ってもらうためでもありますが、次にバーナードがやることが、かなりショッキングなことだからでもあります。この疑問文とそれに対する答えである次の文章が、うまく対応するといいですね。私の訳

をお見せしてから、残りを説明します。

灰島 訳

　「まあ、ステキ。きれいなクレヨンね。バーナード、ありがとうは？」ママに言われて、バーナードは「ありがとう」と言いました。でもそのあと、どうしたと思いますか？

　クレヨンをはこごと、エイッとほうりなげたんですよ。クレヨンはバラバラと、しばふにおちました。
　「そんなことして、なんてわるい子なの！」バーナードのママは、クレヨンをひろって、かたづけました。

　バーナードがクレヨンをばらまいている絵を見て、子どもの読者は「あー、やっちゃった」とあきれながらも、一方でちょっとおもしろそう、と喜ぶのではないでしょうか。このページのクライマックスでもあるので、「エイッと」とか「バラバラおちました」とか、文にもはずんだ感じを出しました。
　ところでこれを見ているアルフィーですが、なんだかうっとりしているように見えませんか？　少なくとも気を悪くしている様子はまったくありません。クレヨンは自分で選んだわけでもないし、気を悪くする理由はないんでしょうね。わあ、ぼくもやってみたいな、というところでしょうか。ここは、文が語らないことを絵が語っているというよい例です。いつも言うことですが、そのとき訳している文章と直接関わりがないときでも、絵を読みとりながら訳すことで、翻訳全体に厚みとふくらみが生まれます。
　最後のママのセリフですが、絵を見てください。ママの顔はページの隅にありますが、かなり怒ってますよ。それはそうです。バーナードのしたことは、とってもいけないことです。せっかくお友だちからいただ

いたものを、ぶちまけちゃったんですから。だから四谷さんの書いたママのセリフだと、少々やさしすぎです。そういえば四谷さんは、いつもやさしい話し方ですものね。でもここは、もっと恐いほうがいいです。

　五島「私はいつも自分が言うとおり『なんてことするの！』としました」

　あ、いいですね。お母さんらしさが出ていると思います。

　四谷「質問してよろしいでしょうか？　英語の文にはクレッションマークや、エクスクラメーションマークがついていますよね。これは日本語でも、使っていいのですか？」

　いいことを聞いてくれました。

　「？」や「！」は、もともとの日本語にはありません。でもこのマーク、とっても便利で、表現力に富んでいるでしょ。「うれしい！」「うれしい？」「うれしい……」と、マークを使わないと表現できないことがたくさんあります。そういうわけで、私は使っています。格式の高い文章、たとえば公式の文書とか、私用でも、墨で巻紙に書く手紙、などには使わないと思いますが、まあ、ふつうは使っていいと思います。英文どおりのこともありますが、翻訳で文章が変化することで、ときにはマークの位置が移動することもあります。そのあたりは日本語を見て、どこで使うか判断してくださいね。

お誕生会事情

　英国の子どもの育て方は、おおむね日本より質素です（子ど
もの育て方だけでなく、生活全般が質素ですが）。子どもたちが
楽しみにしている「お子さまデー」は、クリスマスとお誕生会の、
年に2回に限られています。お誕生会は、自分が主役になって、
友人に祝われ、そして友人をもてなすという大切な訓練でもあ
ります。

　うちの娘は、英国で11歳の誕生日を迎えました。英語のでき
ない娘がクラスメートにとけこめるように、何とかパーティを
楽しいものにしたいと、母親の私は緊張のしまくりでした。

　結果は、まあ、何とか無事に過ぎましたが、私は疲れはて、
お迎えのお母さんたちが現れた夕方には、息も絶え絶えでした。
お迎えのお母さんたちはよく冗談めかして、誕生会を終えたホ
スト役のお母さんに "Are you alive?"（だいじょうぶ？　まだ
息してる？）と、聞きます。そういうときは答えるほうも冗談
めかして "almost"（たぶん生きてると思うけど）などと言うの
ですが、ほんと、そのくらいの重労働です。

　ところが娘がゾーイというクラスメートのお誕生日に、泊まり
がけで招待されたときのことです。ゾーイのお父さんは国際
弁護士。お母さんはフランス人で、バレエの振付家という、知
的かつ芸術的なお宅です。住まいも美しく洗練されているので、
私はいささか緊張して子どもを送りだしました。翌朝帰ってき
た娘に、好奇心丸出しで聞きました。「ど、ど、どうだった？
どんなパーティだったの？」娘は「たのしかったあ。すんごく
ゴーカなごはんだったよお」。

　おお、そうか、そうか。やはりお母さんがフランス人だから、グルメなのであろうよ。「それで何を食べたの？」「あのねえ、ゾーイのパパがマクドナルドに連れていってくれて、すっきなだけ、何でも買っていいって。ナタリーがビッグマック3個って言ったら、絶対おなかこわさないならいいよ、って3個も買ってくれたんだよ。すっごいでしょ。ゴーカだよねえ」

　マ、マ、マックですってえ！！！「そんでねえ、お庭にテントをたてて、マックのごはんとおやつを持っていってテントで食べて、テントでねたんだよ」

　それはさぞ楽しかったであろうよ。ふと疑問に思って、私は聞きました。「あのさ、ゾーイのパパとママもマックごはんだったの？」「ちがうんじゃないの。だって、ジュースを取りにお家にもどったとき、チラッと見たら、ふたりでフツーのごはん食べてたよ。カワイソ。でもさ、ママがお客様のときするみたいに、テーブルにキャンドル立ててたよ」

　ひえ〜。大人はキャンドルライト・ディナーで、誕生日の子どもはマクドナルドの食べ放題かあ……。なるほどねえ、と私はいたく感心してしまいました。これこそが、大人中心文化というものでありましょう。もっともこちらのお宅は一般的ではないようですが。

　うちの娘のお誕生会では、私は招待した子どもたちに日本の味のノリ巻きをふるまうことにしたので、大忙し。「腹減ったんだけど、そのノリ巻きもらっていい？」と台所に顔を出した夫に「ぜったいダメ。足りなくなったら困るじゃないの。お昼なら、ハンバーガーでも買ってきてよ。あっ、あたしも食べるから、2

個お願い」と追いだして、親のほうがハンバーガーをかじって
たもんなあ。

　やはり日本は子ども中心なんですねえ。

　もっとも私がはりきったのはもちろん娘のためではありますが、
「日本の子のお誕生会は、つまんなかった」と言われたくないと
いう愛国的（？）見栄っ張りも働いていた気がします。私は娘
には「人にどう思われるかより、自分がどう思うかが大事でしょ」
といつも言っていますが、まわりの評判を気にするのは私自身
だったようです。でも気になりますよねえ。

Chapter 6

最初のクライマックスは
シャボン玉

子どもの会話を知る

擬音語と擬態語

＜コラム7＞ オノマトペの楽しさ

＜コラム8＞ 怪しい絵本翻訳家

Then Bernard's Mum brought out some bubble stuff and blew lots of bubbles into the air. They floated all over the garden and the children jumped about trying to pop them.

 子どもの会話を知る

　さてみんながシャボン玉で楽しく遊ぶというページを、今度は五島さん、訳してください。

Alfie couldn't pop many bubbles because he was holding on to his blanket. But Bernard jumped about and pushed and popped more bubbles than anyone else.

"Don't push people, Bernard," said Bernard's Mum sternly.

生徒訳

それからバーナードのお母さんは、シャボンえきをもってくると、シャボン玉をたくさん　とばしてくれました。

シャボン玉はフワリフワリと、庭じゅうをただよっています。

みんなは手をのばして、パチンとわろうと　ピョンピョンとびはねています。

アルフィーは、そんなにたくさんは、われません。だってもうふ
を　かかえていますからね。
　でもバーナードは、みんなをおしのけ、とんだりはねたり。だれ
よりもたくさんのシャボン玉を、わりました。
　「バーナード、みんなをおしちゃダメ」
　バーナードのおかあさんが、きびしい声で言いました。

　今まで言いそびれていましたが、「ママ」と「おかあさん」、皆さんは
どちらにしましたか？　私は「ママ」としましたが、「おかあさん」と
いう言葉にはとても美しい響きがあるので、こちらを選ぶ人も多いでし
ょう。日本の子どもたちが両方使う以上、どちらを使ってもいいと思い
ます。「バーナードのおかあさん」といちいち言うのがうるさければ、
ここはもう絵を見れば一目瞭然なので、ただ「おかあさん」「ママ」と
しても大丈夫です。
　bubble stuffは「シャボン玉用の道具」の意味です。五島さんは工夫し
て「シャボンえき」としてくれましたが、小学校ではそう呼んでいます
か？
　五島「はい。シャボン液を作りましょう、なんて言っていました。私
の使う言葉は、息子に言わせると、いかにも小学校の先生くさいそうで、
ごめんなさい」（笑）
　六川「孫たちが何と呼ぶか思い出してみたんですが、『シャボン玉セ
ット持ってきたよ』なんて、言っていたようです」
　なるほど、いいですね。実際に子どもたちが何と言うか、思い出して
みることは、とっても役に立ちます。皆さんは、実際の子どもたちと接
点がおありでしょうから、その点強みがありますね。一木さんは、あま
りないかしら？　でも、だいじょうぶですよ。町で見かける子どもを観
察すればいいのです。私は、電車に子どもたちが乗っていると、ホクホ
クしてすり寄っていき、耳を傾けている怪しいおばさんです。それから

テレビのドラマやバラエティ番組からも、生きた会話を知ることがあります。なんて、テレビを見る言い訳のこともありますが。

　それからシャボン玉をpopするとは「パチンとわる」ことですよね。日本語では何というのでしょう。（みんなでシャボン玉で遊ぶ動作をあれこれやってみる。）

　四谷「『パチンとこわす』かしら？」

　一木「あっ、そうだ。『つかまえる』じゃないかしら？」

　六川「『シャボン玉をおいかける』はどうでしょうか？」

　どれも正解です。popという英語にこだわると「パチンとわる」しか出てきませんが、シャボン玉遊びの風景を思い浮かべると「つかまえる」とか「おいかける」という言葉が出てきます。こうして豊富な語彙を得ることで、情景の描写が自然、かつ豊かになります。「おいかける」とするところと、バーナードのような少し乱暴な子には「こわす」と、両方使えます。

　2行目の「シャボン玉は〜とんでいきます」は「庭じゅうがシャボン玉でいっぱいです」とすると、「〜は、〜しました」という文が続くのが、避けられます。また日本語では「大勢の人が歩いていた」と言うよりも「道路は人でいっぱいだった」のように、動詞よりも名詞を中心に表現したほうが、こなれた感じになることが多いです。

　アルフィーが毛布にhold on toしていますが、hold on toは熟語で「手放さない」という意味です。「もうふをかかえている」は「頼っている」というニュアンスを含んでいるので、この場面にピッタリですね。

擬音語と擬態語

　さて、五島さんの翻訳のなかの「パチン」は音を表現した擬音語で、「フワリフワリ」と「ピョンピョン」は様子を表現した擬態語です。擬音語と擬態語をあわせてオノマトペ（onomatopoeia）と言います。日本語は

オノマトペがとても豊富なのをご存じですか？　英語では約3000語、日本語には約12000語のオノマトペがあると言われていますから、日本語のオノマトペは英語の4倍もあるんですね。しかも自分で作ったり変形させたりすることもできます。「ペタンとつぶれた」という代わりに、たとえば「ペッチャリとつぶれた」と言ってもいいわけです。

　なぜこれほどオノマトペが多いのかというと、日本語は英語に比べて動詞の数が少ないからでしょう。たとえば「笑う」ですが、英語の動詞をいくつかあげてみます。

　　　laugh＝声を出して笑う
　　　smile＝微笑する
　　　chuckle＝ほくそ笑む
　　　giggle＝くすくす笑う
　　　grin＝ニヤリとする
　　　simper＝間が抜けた感じでニヤニヤする
　　　guffaw＝ばか笑いをする

　ずいぶんたくさんありますよね。これが日本語だと「笑う」「ほほえむ」と動詞が限られているかわりに、「ゲラゲラ」「ケラケラ」「クスクス」「ニヤリ」「ニタニタ」「ヘラヘラ」「ガハハ」とたくさんのオノマトペがあって、さまざまな笑いの様子を伝えることができます。これが日本語の特徴です。

　特に子どもの本では、効果的なオノマトペを使うことで、状況をいきいきと伝えることができます。また絵本では、もともと耳に聞こえる音であるオノマトペは、聴覚を快く刺激してくれるということもあります。でも、ここが重要なので覚えておいてくださいね。オノマトペは力のある武器だからこそ、みだりに使ってはいけません。ここぞというところで使って、大きな効果をあげるために、ふだんは使いたくてもこらえる、くらいでいてください。

　ここは見開きいっぱいの大きな絵のなかで、子どもたちがはねまわっている、楽しく盛りあがった場面です。だからここで五島さんがオノマトペを使ったのは、とてもいい判断でした。でもパワフルに使うために、使い方をもう少し工夫したいです。

灰島 訳

　ママが庭で、シャボン玉をとばしてくれました。キラキラ、フワフワ、庭じゅうが　シャボン玉でいっぱい。シャボン玉をおいかけて、みんなは大さわぎです。

　アルフィーはもうふをかかえているので、なかなかつかまえることができません。でもバーナードのほうは、とびあがってはパチン、おしのけてはパチンパチン。だれよりたくさんのシャボン玉を、わりました。
　「バーナード、お友だちを　おしちゃダメ！」ママにしかられてしまいました。

オノマトペの楽しさ

　印象的なオノマトペを書く作家といえば、いちばんにあがるのは宮沢賢治でしょう。『風の又三郎』の「風はざっこざっこ風三郎、雨はどっこどっこ雨三郎」、『雪渡り』の「かたゆきかんこ、しみゆきしんこ」と枚挙にいとまがありません。

　逆に、あんな下品なものはないと、オノマトペを嫌ったのは三島由紀夫とか。そういえば三島由紀夫の文章にはオノマトペがめったに出てきません。

　オノマトペの表記は、擬音語はカタカナ、それ以外はひらがなというのが原則です。だからうどんは「ツルツル食べます」が、廊下は「つるつるすべる」わけです。もっともこの原則はあくまで原則ですから、カタカナがいいか、ひらがなかは、字面を見て、自分で判断してください。たとえば「キラキラ光る」はカタカナのほうが硬質な光の感じがよく出るような気がして、私はカタカナを使うことが多いです。逆に「おながぐうぐう鳴る」はひらがなの曲線がおなかの音の丸さに似合っているような気がして、ひらがなにしています。

怪しい絵本翻訳家

　動作というのは、背景の文化によって、どう言葉で表現する
かが違ってきます。

　いくつか例をあげてみましょう。

　He laughed his head off. は「首がもげるほど笑う＝大笑いす
る」ことですが、何と訳しましょうか？　日本語には「首がも
げるほど笑う」とか、「首がもげるほど泣く」という言い方はあ
りません（「首がもげるほど、肩をゆすぶられた」という使い方
なら、あります）。

　こういうときは、実際にその動作をやってみてください。怪
しい高笑いをしているうちに、「腹をかかえて笑う」や「身をよ
じって笑う」が、思い浮かぶかもしれません。もっとも「腹を
かかえて」は豪快なイメージなので、そうするのが女性や小さ
い子どもの場合は不適切です。子どもなら「笑い転げる」のほ
うがいいかもしれませんね。

　She cried trembling herself. 「からだをふるわせて、泣いた」
は、どうでしょう？　悪くはありませんが、どうも今ひとつピ
ンときません。「怒りのあまり、からだがふるえた」なら、こな
れた日本語なんですが。

　さあ、これも実際に大泣きのまねをしてみてください。ふる
えるのは、体のどこでしょうか？　そうです。これは「肩をふ
るわせて、泣いた」とすれば、ぐっと落ち着きがよくなります。
泣く場合は、ふるえるのは上半身で、下半身はあまりふるえな
いからでしょう。笑うときと同じように「身をよじって泣く」も、
使えるでしょう。

He sat down drawing his knees up. を「ひざを引いて、座った」と訳したのでは、いったいどんなかっこうなのか、イメージが浮かびません。でもこれは簡単。実際にひざを自分のほうに引っぱって、座ってください。「ひざを立てて、座る」という言い方が思い浮かぶでしょう。

　ひざが出てきたついでに、My knees shook after a lot of exercise. はどうでしょう。「たっぷり運動したあとで、ひざがふるえた」とは言いません。「ひざがふるえる」のは「恐ろしさのあまり、ひざがふるえた」場合です。恐いときのふるえと区別するためでしょうか？　運動のあとのひざのふるえは「ひざが笑った」といいます。

　英語に引っぱられないよう、実際に自分の体を動かして、問題の動作をやってみるのがいいのです。いっぽうで翻訳した文章は、なるべく声に出して、耳で聞いたときの効果を確かめたいもの。その上さらに笑うまねやら、泣きまねをするのでは、うっかりだれかに見られたら、病院に行くようすすめられてしまうかもしれません。でも語数の少ない絵本では、ひとつひとつの言葉がとても重要。やっぱりやるっきゃなさそうです。

Chapter 7

おたんじょう会には
バースディケーキがなくちゃね

ブンチッチッチ、ブンチッチ

英文を正しく読む

<コラム9> 伝統芸能と絵本翻訳

Bernard took a huge breath and blew out
all the candles at once – *Phoooooo!* Everyone
clapped and sang "Happy Birthday to You".

ブンチッチッチ、ブンチッチ

　この後バーナードは、ミンという名前の女の子を泣かせてしまいます。
ミンはシャボン玉のページで、バーナードのママのとなりにいる子です。
名前からも黒い髪からも、アジア系であることがわかります。同じペー
ジの右端にはアフリカ系の子どもも見えますよね。英国では、人の集団
を描くときにアジア系やアフリカ系の少数民族を省かないというポリテ

Then Bernard blew into his lemonade through his straw and made rude bubbling noises. He blew into his jelly, too, until his Mum took it away from him.

Alfie liked the tea . . . but holding on to his blanket made eating rather difficult. It got all mixed up with the jelly and crisps, and covered in sticky crumbs.

ィカリー・コレクトな態度が、絵本にも求められています。

　さあ、いよいよお誕生日のごちそうの時間ですが、ミンはアルフィーのとなりでなければイヤと言って、アルフィーを頼りにしています。ではこのバースディケーキの場面を、六川さんにお願いします。

バーナードは、ふっくらほっぺをふくらませて「ふう」と、いちど
きに　ろうそくを　ふきけしました。
「わぁっ！」と、みんなは大はくしゅ。「おたんじょうび、おめでと
う、バーナード」の歌のはじまりです。

　ご自分でも童話を書いている六川さんだけあって、こなれた日本語で、
読みやすいですね。最初の「ふっくらほっぺをふくらませて、……『ふ
う』とふきけしました」は「ふ」の音の連続した響きが、楽しいです。
また「大はくしゅ」と体言止めがあることも、全体のリズムをよくして
います。

　ただ「ふっくらほっぺをふくらます」は、意味が少しずれませんか。
take a huge breath はハーッと大きく息を吸いこむことなんですが。

　六川「子どもなので、息を吸ったつもりで、ほっぺをプッとふくらま
すこともあるか、と思ったんです。絵もそんなふうですし」

　なるほど。それは気がつきませんでした。子どもだと息を胸に吸いこ
まないで、ほっぺに溜めることがあるかもしれませんね。フフ、かわい
いわね。ただそれを「ふっくら」と言うのは、ちょっと無理があるかな。
さっき六川さんは「ほっぺをプッとふくらます」と説明してくれました。
これなら、わかります。ここさえ変更すれば、六川さん独自の読み方は、
なかなかいいと思います。

　ところで、絵本の文章は、声に出して読まれる文章です。ですから耳
から聞く音が、大変重要なんですね。この耳から聞いて快い文章を作る
コツというのがありますから、皆さん、覚えてください。コツは「ブン
チッチッチ、ブンチッチ」で、「ブン」は文、「チ」は口の「チ」です。
つまり文を1行書いたら、それを3回声に出してみる。また書いたら、
また2回声に出してみるという意味です。自分で何度も声に出してみる
という単純なことなんですが、ぜひ実行してください。たいてい家族に

不審がられますが、めげずにチッチッチとやってください。まずは自分の口から出たときに快い文章を探して、それを覚えることです。

　それでね、実はコツ以前にもっと大事なことがあります。それは翻訳者である私たち自身が、日本語の美しい響きを知っていることです。そのためには、たとえば、詩、わたしたちは子どもの本を訳しているのですから、特に子どものために書かれた詩を読むことがとても役に立つと思います。私のいちばんの愛読書は谷川俊太郎さんの『わらべうた』（冨山房、文庫は集英社より）。けんかうた、おならうた、わるくちうたなど、猥雑さも含んだ豊潤な日本語の表現から、いつも刺激を受けています。詩に限らず、芝居も、落語や歌舞伎などの伝統芸能も、日本語の美しさおもしろさを教えてくれますから、どん欲に豊かな言葉を吸収しましょう。翻訳は自分の日本語の修練です。

灰島 訳

　バーナードはおもいっきり　いきをすうと「プーッ」。いっぺんにろうそくを、ふきけしました。みんなは、パチパチはくしゅしてから、「ハッピーバースディ」の歌をうたいました。

英文を正しく読む

では、つづいて右ページをお願いします。

生徒 訳

　バーナードときたら、レモンジュースをストローでまきちらしたり、ブクブクおぎょうぎのわるい音をたてたりと、おおはしゃぎ。ゼリーも、おなじようにグチャグチャです。グチャグチャゼリーは、とうとうママにとりあげられてしまいました。

> 　アルフィーはこうちゃが、すきなんです。でももうふをかかえて
> いるので、たいへん。もうふはゼリーやらポテトチップスだらけに
> なりました。そのうえ、ベタベタのケーキのかけらに、すっぽりの
> っかってしまいました。

　ここも六川さんらしく、読みやすい日本語です。「バーナードときたら、
……おおはしゃぎ」は、こなれた日本語で、とてもいいですね。でも最
初の行の blew into his lemonade through his straw ですが、バーナードはいっ
たい何をやったんでしょうか？　そう、レモンジュースをストローで派
手にブクブクと吹いたんですね。そうすることを日本語で何と言うでし
ょうか？

　三田「レモンジュースを吹き散らす？」

　うーん、こう言うと「レモンジュースを、たとえば口に含んで、空中
に吹き散らす」ということになりませんか？　ここではコップの中で、
吹いているんだと思います。

　四谷「レモンジュースをブクブクさせる、ではないでしょうか？」

　そうですね。ずいぶん口語的になりますが、他に言いようがないので、
「ブクブクさせる」。バーナードはそのうえに、ゼリーまでストローで吹
いたんですね。きかん気ですばしこそうなバーナードの表情、シャーリ
ー・ヒューズはこういう絵が本当に上手です。バーナードもアルフィー
も、両方ともその子らしさがよく出ていますよね。バーナードのお母さ
んは、ここらでは、やつれていませんか？　（笑）

　ここは左ページの話から少しですが時間がたっていますから、一呼吸
入れたいところです。それで作者は Then（＝そして）と入れています。
六川さんはこれを省いていますが、「バーナードときたら」と主語を強
調することで、微妙な間合いを入れているんですね。私はここに「でも、
そのあとがたいへん」と入れてみました。どちらも一呼吸置くというテ
クニックです。

　さて Alfie liked the tea ... ですが、tea の前に、定冠詞の the がついている
ところを見てくださいね。「私はお茶が好き」なら、I like tea. で定冠詞は
つけません。ついでに「お茶を飲みたい」は、I like to have a cup of tea. と
a cup of が入りますよ。これが英語の表現法で、日本語と違うので、英語
を話したり書いたりするときには注意しなければいけません。さて、定
冠詞のついた the tea ですが、これは「お茶」ではなく「お茶会で出され
たもの」の意味です。つまりここは誕生会で出されたごちそうが気に入
ったという意味になります。

　話が少し横道にそれますが、私にとって英語は母国語ではありません
から、英文を書いたときには、なるべく英語の native speaker にチェック
してもらいます。そのチェックでいちばん直されるのが、冠詞と定冠詞
です。a を入れるのか、the を入れるのか、それとも何も入れずに複数形
にするのか。冠詞も定冠詞も日本語にはありませんから、日本人にとっ
ては大変苦労するところです。英文を読むときにも、その名詞にaがつ
いているときと、the がついているときでは意味が違ってくることがある
ので、注意しましょう。たとえば、お客様がI like an apple. と言ったなら
「りんごを食べたいな」ですから「はい、どうぞ」とひとつ差しださな
くてはいけませんし、I like apples. と言ったなら「私はりんごが好きなん
ですよ」ですから「私もよ。でも最近のりんごは甘すぎじゃない？」と
かなんとか、会話を続けなくてはなりません。

　細かい事を言ったついでに、sticky crumbs について考えてみましょう。
「ベタベタしたケーキのかけら」と訳されていますが、皆さんは何セン
チくらいのかけらを想像しますか？

　六川「1センチくらいかしら」

　四谷「『落ちていたケーキのかけらを口に入れた』という文章を考え
てみると、2、3センチではないでしょうか」

　そうそう。四谷さんのように、文章にして考えてみるといいですね。「ケ
ーキのかけら」というと、私も2、3センチの大きさを想像します。とこ

ろが英文のcrumsはもっと小さい印象で、「テーブルの上にパラパラこぼ
れたかす」というニュアンスです。だから「ケーキのかけら」というよ
り「ケーキのかす」ですね。

　cover inは熟語で「かぶさる」という意味ですから、「のっかる」でも
いいですね。ところが「すっぽりのっかる」と言うと「のっかったもの
と、のっかられたものの大きさが同じくらい」というイメージではあり
ませんか？　ところが毛布とケーキかすとでは大きさが全然違うので、
六川さんの訳は少々違和感があります。ここはもう「ケーキでベトベト
になりました」それだけでいいでしょう。

　ずいぶん細かいことを指摘しましたが、翻訳の神様は、文章の細部に
宿っているので、どんな細部もゆるがせにはできないということを覚え
てください。

灰島 訳

　でも、そのあとが　たいへん。バーナードはレモンジュースをス
トローで、おもいっきりブクブクやりました。それからゼリーまで
ブーッとふいたので、ママにとりあげられてしまいました。

　おやつはとてもおいしかったのに、アルフィーは、もうふをかか
えているので、じょうずに食べることができません。もうふはゼリ
ーやポテトチップスだらけ。ケーキのかすもついて、もうベトベト
です。

Column 9

伝統芸能と絵本翻訳

　日本の伝統芸能のなかには、昔からつちかわれた日本語のリズムがあって、これは翻訳にとっても役立ちます。まず私の例でいくと、私は大の歌舞伎好きで、なかでも坂東玉三郎の年季の入ったファンです。玉三郎さんが歌舞伎座に出ているあいだは、時間とお金の許す限り、歌舞伎座に通い続けるので忙しいというのが困りもの。身も心もとろける状態で聞いた、歌舞伎のセリフのリズムは、私の体にたっぷり染みこんでいると思います。歌舞伎がどうして絵本翻訳と関係があるかというと、これがあるんですね。

　『サー・オルフェオ』（エロール・ル・カイン絵、ほるぷ出版）という絵本は、元になっているのが中世の吟遊詩人が竪琴で奏でていた弾き語りの物語です。オルフェオ王は、愛するお妃を妖精の国にさらわれてしまいますが、愛と音楽の力でとりもどします。お妃は、私のなかでは完全に玉三郎さんのイメージでした。しかも元が弾き語りですから、それを思い起こしてもらえるような、快いリズムのある日本語にしたい。というわけで、ところどころに古典的な言いまわし（私のなかでは歌舞伎調）を取りいれました。意識したわけではなく、翻訳しているうちに、自然にそうなってしまったのですが。

　お妃のセリフを一部ご紹介します。

「わらわがまどろんでいるあいだに、不気味な大王が、おおぜいの騎士や貴婦人をともない、やってまいりました。（中略）わらわは行きとうない、なんとしてもまいらぬと申しましたが、聞いてはくれませぬ。明日は必ず、連れていく。幾千の武人が守るとも同じことよ、と語気も鋭く申すしまつ。わが君さま、いかようにも救いはございませぬ。はや、お別れのときがまいりました」

　自分では歌舞伎のセリフのような雰囲気があるように思うのですが、どうでしょうか？　とはいえ中世ヨーロッパは江戸とは違いますから、あまり歌舞伎のにおいが強すぎてもいけません。いつも言うことですが、問題はバランス。私はセリフにだけ古典的な言いまわしを取りいれ、地の文はふつうの文章にしました。新聞に「読んでいるうちに、つい声に出したくなる」という書評が出たときには、うれしくてニコニコしたものです。

　さて私自身の歌舞伎調は、露払いです。ここで横綱の登場。古典芸能の調子を感じさせる名訳といえば、今江祥智訳の『すてきな三にんぐみ』（トミー・アンゲラー作、偕成社）でしょう。今江さんは作家としてのみならず翻訳家としてもご活躍ですが、今江さんの翻訳は他の人にはマネのできない、自在な日本語です。

　『すてきな三にんぐみ』は、三

人組みの泥棒が、孤児のステファニーちゃんをうっかり誘拐してしまい、結局孤児たちの家を作ることになるという愉快なお話。

　冒頭はこんなふうに始まります。

> Once upon a time there were three fierce robbers.
> They went about hidden under large black capes and
> tall black hats.

　そのまま訳せば「むかし、あるところに、さんにんの　おそろしい　どろぼうが　おりました。おおきな　くろマントとせいたかの　くろぼうしに　すっぽり　みを　かくして、いざしごとへと　でかけます」というところでしょうか。

　これが今江祥智訳では

> **「あらわれでたのは、くろマントに、くろいぼうしの　さんにんぐみ。　それはそれは　こわーい　どろぼうさまのおでかけだ。」**

　となっています。

　うわー、楽しい！　今江さんの訳には、独特のリズムがあります。「あらわれでたのは、〜さんにんぐみ」と臨場感にあふれているうえに、「それはそれは　こわーい　どろぼうさまの　おでかけだ」という言い方が、一見こわそうで、でも本当は心やさしい、おかしな泥棒たちにぴったりです。

　あまり楽しいので、次のページものぞくと

> The first had a blunderbuss.
> The second had a pepper-blower.
> And the third had a huge red axe.

　そのままなら「さいしょの　どろぼうは、ラッパじゅうを

もっていました。にばんめの　どろぼうは、こしょう　ふきつけじゅう。そしてさんばんめの　どろぼうが　もっていたのは、おおきな　あかい　おのでした」

　今江訳は

「おどしの　どうぐは　みっつ。

ひとつ、ラッパじゅう。

ふたつ、こしょう・ふきつけ。

そして　みっつめは、まっかな　おおまさかり。」

　私は初めて読んだときには、この独特のリズムが何なのか、わかりませんでした。今江さんのエッセイ集『絵本の新世界』（大和書房）を読んで、納得。これは講談のリズムなんですね。講談師のまねをして、出だしで「ババン、バンバンバン」と手で机をたたいてみると、ぴったり合います。それ以来、「ババン、バンバンバン」を合いの手としてところどころに入れて、この絵本を読むことにしました。

　私は講談を生で聞いた記憶はなく、映画やテレビで講談師が話すシーンを見たことがある、という程度です。まして今の子どもたちとなると、もっとなじみがないでしょう。それでも子どもたちはこの絵本が大好きで、セリフをよく覚えてくれます。これって、もしかしたら血に入っている遺伝子のせい？　「ラッパじゅう」だの「まさかり」だの、子どもたちの知らない言葉が続きますが、彼らはあまり気にならないらしく、「ラッパじゅうを持っているんだよ」などと、私に解説してくれるのがおもしろいところです。

Chapter 8

小さな出来事も、子どもたちには大きなドラマ

つなぎの言葉で、構造を明確に

辞書は両面から引く

和風のものを入れる？

ステレオタイプのほうがいいケース

絵の表情をよむ

＜コラム10＞ 辞書の使い方

After tea, Bernard's Mum said that they were all going to play a game. But Bernard ran off and fetched his very best present. It was a tiger mask.

Bernard went behind a bush and came out wearing the mask and making terrible growling noises: "Grrr! Grrr, grrrr, GRRRR! ACHT!"

つなぎの言葉で、構造を明確に

　この章は最初にもどって一木さん担当のはずですが、二岡さんと交替してもらいました。一木さんは会社の都合で、本日はお休みです。では二岡さん、お願いします。

He went crawling round the garden,
sounding very fierce and frightening.
Min began to cry again. She clung on to
Alfie.

生徒訳

　おやつを　いただいたあとに、バーナードのママが「これから
みんなで、ゲームをしましょうね」と言いました。でもバーナード
は、にげだしました。いちばん　お気にいりの　プレゼントを　と
りにいきました。
　すごいだろう、タイガーマスクだぞ！

バーナードは　やぶの　かげに行きました。そのおめんを　かぶって、ものすごい　うなり声を　あげながら、出てきました。「グワォー、グワォー、ウゥー、グゥアーオー！」

　二岡さんの翻訳はていねいで、ひとつひとつの文章はいいのですが、注意してほしい点があります。文章のつながりが弱いんですね。ちょうどいい機会なので、二岡さんの文章の構造がどうなっているかを調べてみましょう。

　　①おやつのあとに、バーナードのママが〜言いました
　　②でもバーナードはにげだしました（逆説）
　　③プレゼントをとりにいきました
　　④「タイガーマスクだぞ」（ここはセリフなので、現在形）
　　⑤やぶのかげに行きました
　　⑥〜して、〜うなり声をあげながら、出てきました
　（同じ見開きなので、先取りして右側のページも並べておきます）
　　⑦バーナードは、〜して、こわがらせました。
　　⑧ミンは、なきだしてしまいました。
　　⑨ミンは、〜しがみつきました。

　こうやって並べてみると「〜ました」が続いていることがわかります。前にも言いましたが、同じような文章が続くと、単調になります。それと同時に、内容と内容がどうつながっているのかが、わかりにくくなります。
　①と②のあいだには、「でも」があって①と②は逆説であることがわかります。③はその逆説の内容につながりますから、②と③はまとめましょう。「でもバーナードはにげていって、〜をとってきました」とします。

　次をセリフにしたのは、とてもいい工夫ですね。二岡さんの訳は、ここがポイントになっています。さて、問題はその次の⑤です。ここは段落も切れていますし、バーナードがおめんをかぶって準備を整えてから出てきたわけなので、時間が少し経っています。それを表すために「それから」あるいは「そして」を使ってつなげましょう。この接続語は元の英文にはありませんが、補ったほうがいいです。

　私は自分で翻訳をするときには、こういうことをいちいち頭で考えているわけではありませんが、日本語は、文と文のあいだにつなぎの言葉を入れないと読みにくいように思います。英語は関係代名詞を使って、文章を立体的に積み重ねていくことができます。ところが日本語は平板に横に並んでしまうんですね。ずるずると続くのを避けるために、どうつながっているのかを明確にしてください。これは、メリハリということにもつながります。

　私は⑥の半分を⑤につなげて、「～に行って、～して出てきました」としたうえで、⑥の残った半分を「ほえています」と現在形にして、変化をつけました。

　では構造がどう変わったかを見るために、私の訳を出しておきます。それから一文一文を検討しましょう。

灰島 訳

　「おやつがすんだら、みんなで　なにかして、あそびましょうね」バーナードのママが言いました。ところがバーナードはかけだしていって、いちばん　おきにいりの　プレゼントを、もってきました。トラのマスクです。

　それから木の下にもぐりこんで、マスクをかぶって、出てきました。すごいこえで　ほえています。「ガオー、ガオー、ガルルルル」

辞書は両面から引く

　まず二岡さんが「ゲーム」と訳したところですが、ここでバーナード
のママが何をしようとしていたかを、ページをめくって確認してくださ
いね。例によって、文では説明されていないので、絵を読まなくてはな
りません。ママがさそったのは、子どもたちが手をつなぎ、マザーグー
スを歌いながら輪になって、最後に地面に転がる遊びです。日本で言う
と「ひ～らいた、ひらいた、れんげの花が　ひ～らいた」のようなもの
です。(⇨本書p.121) こういう集団でする遊びを、まとめて何と言うん
でしょうか？

　三田「幼稚園では、おゆうぎと言うのでは？」

　うわー、おゆうぎって、なつかしい言葉ですね。だけど今でも使う？

　二岡「幼稚園では使うと思いますけど、でも、もっとダンスみたいな
ものを言うんじゃないでしょうか」

　そういえば、おゆうぎって、音楽に合わせて踊ることだったように記
憶しています。辞書には「遊び」とあるんですけどね。これは転がると
ころがポイントなんですが、こういうものを「ゲーム」と言うでしょう
か？

　五島「『椅子取り』みたいなものだと考えると、ゲームと言ってもい
いような気がします。椅子取りゲームって、言いませんか？」

　六川「『椅子取り』はゲームだけど、かくれんぼをゲームって言うか
しら？」

　五島「かくれんぼは日本の古典的な遊びだから、英語の「ゲーム」と
いう言葉がなじまないだけではないでしょうか？　でもこれはマザーグ
ースですよね。西洋の遊びなので、ゲームでいいんじゃないかしら？」

　四谷「考えてみると、なわとびはゲームとはいいませんよね。ゲーム
と言うと、勝ち負けがあるものを言うのではないでしょうか？」

　おもしろい意見がたくさん出て、もっと調べてみたくなりますね。ま

た横道にそれますが、かくれん
ぼは、英語圏にも古くからある
遊びで、hide-and-seekといいます。
ついでにかくれんぼの「鬼」は、
英語ではitです。名作絵本の『も
りのなか』（マリー・ホー
ル・エッツ作、まさきる
りこ訳、福音館書店）に、
Then I was It for Hide-and-
Seek.という文章があります。
男の子が森で動物たちと
遊んでいるんですが、か
くれんぼの前には「ロン
ドン橋おちた」をやりま

Then I was *It* for Hide-and-Seek, and everyone hid—
Except the rabbit. He just stood still.

した。そうやって次々に色々な遊びをする場面です。この英語をそのま
ま日本語にすると「それからぼくは、かくれんぼうの鬼になりました」
ですが、これはいい訳ではありません。次々に色々な遊びをするのです
から、ここはまず遊びが決まって、それから「鬼」を決めたのでしょう。
ですから、まさきるりこさんの訳のように、「それから、かくれんぼう
を　したら、ぼくが　おにに　なりました」とするべきなのです。it は
辞書を引けば、いちばん最後の方に「遊戯の鬼」というのが出ています
が、子どもの本を訳す者ならぜひ知っていたい単語です。
　さて元にもどって、今回のように「ゲーム」と言っていいかどうか迷
ったら、必ず辞書を引く癖をつけてください。gameなんて、よく知って
いる言葉、と思いがちですが、その言葉がどこからどこまでを指すか、
私たちは案外知らないものです。私は商売柄辞書をひんぱんに引きます
が、知っている言葉を引くほうが、知らない言葉を引くよりも多いくら
いです。自分が知っていると思っている言葉ほどチェックする必要があ

るんですね。gameを『リーダーズ英和辞典』で引いてみると「①遊戯、遊び、楽しみ、娯楽。②競技、試合、勝負」とあります。「遊び」とありますから、ここでシャーリー・ヒューズが"game"と言っているのは、そう言ってしかるべき、ということがわかります。

　これがわかったところで、今度は国語辞典にあたって「ゲーム」というカタカナ語の意味を調べてください。私たちは日本語の使い方を知りたいわけですから、あいまいなときは、手間を惜しまず、英語からと日本語から、両方から辞書を引くんですよ。特にカタカナの日本語は、元の言葉とは意味がずれていることが多いので、注意が必要です。『広辞苑』を調べると「①遊戯、勝負事。②競技、試合」となっています。英語のgameと同じように見えますが、英語辞書にあった「遊び」と「楽しみ」は抜けています。念のため、もう1冊辞書にあたっておきます。たまたま手元にあったこの『新小辞林』には「①勝負、遊戯、試合、競技」となっています。『広辞苑』より「勝負」色が強い感じです。

　どちらの辞書にも「遊戯」がありますから、基本的にはアルフィーたちのマザーグース遊びを「ゲーム」と呼んでもいいだろう、ということがわかります。でも一方で、日本語でゲームと言ったときには、英語よりも勝負事の色が濃くなっていることもわかりました。ここまでわかって初めて、「ゲーム」とするか「あそび」とするか、安心してそれぞれの感性で選ぶことができます。

　私は、六川さんと同じように、「ゲーム」はやはり勝負がつくものというイメージが強いように思えて、「あそび」を選びました。ただ「あそび」というと、これまでだって、シャボン玉をしたりして遊んでいるわけなので「みんなで　なにかして」と「みんなでする遊び」であることを補っています。

和風のものを入れる？

　つぎの tiger mask は、どうしましょうか？　二岡さんは「タイガーマスク」としていますが。

　六川「私は、トラのおめん、にしました」

　五島「おめんというと、平べったい感じではないでしょうか？　これは立体感があるので、おめんは合わないのでは？」

　でも、天狗のおめんと言うのがあって、あれは立体感がありますが。

　三田「私は、『タイガーマスク』って聞いたことはあるんですが、よく知りません」

　「タイガーマスク」は昔のヒーローなので、知らない人もいることでしょう。元はマンガで、それがテレビのアニメになって人気が出たのは、1970年代だったと思います。二岡さんは、よく知ってましたね。

　二岡「名前だけで、内容は知らないんですが」

　四谷「タイガーマスクっていうプロレスラーもいましたよね」

　六川「そうそう。私も覚えています。私も頭にチラリとタイガーマスクが浮かんだんですが、でも日本のものなので、入れないほうがいいと思いました」

　あっ、いいところに気がついてくれました。私たちは翻訳の本を読んでいるときには、やはり頭を西洋モードにしているわけなので、あまりにも日本的なものが出てくると違和感を感じることがあります。たとえばアルフィーが「『どこでもドア』があるといいな」と言ったりすると、アルフィーは『ドラえもん』を見ていることになって、おかしいでしょう。もしそんな場面があったら、「ドアを開けたら、好きなところに行けるんだったらいいのに」と訳したほうが無難です。読む人はもちろん『どこでもドア』を思い浮かべることでしょう。

　子どもの本では、たとえばミステリのように、読者が外国のふんいきを楽しんでいるわけではありません。ミステリのなかで、ニューヨーク

のクールな女性探偵が言うなら「覆水、盆に帰らず、よね」と日本語のことわざにするよりも、「こぼれたミルクをなげいたってしょうがないわよ」と英語のIt is no use crying over spilt milkをそのまま訳したほうが似合うと思います。でも子どもの本だったら、たとえば「猫に小判」と「小判」が出てきても、それほど違和感はないのではないかしらね？　「猫に小判」とするか、それとも元のcast pearls before swineをそのまま訳して「ブタに真珠」とするか、このあたりはそれぞれの翻訳者の感性によるところです。

　「タイガーマスク」は日本のキャラクターだし、今では古いので知らない人も多いというので、使わないという判断もあるでしょう。これがたとえば「鉄腕アトム」だったら、先にあげた理由から、使わないことをおすすめします。ところが「タイガーマスク」は「タイガー」も「マスク」もだれでも知っている外来語です。しかもそのまま訳せば「トラのおめん」で、キャラクターと無関係でも存在します。それで「タイガーマスク」を使って、子どもが変身したがるようなヒーローらしさを出しても、これはこれでオーケーだと思います。私自身は、やや折中案のような「トラのマスク」にしました。

ステレオタイプのほうがいいケース

　なかなか先に進みませんね（笑）。ところで二岡さんのトラの吠え声はずいぶんユニークですね。

　二岡「実はたまたまテレビを見ていたら、トラが出る場面があって、そのトラの声を聞いたら、こんなふうだったのです」

　テレビを見ていても翻訳のことを忘れないなんて、すごい！　さすが研究熱心な二岡さんですね。ただ「グワォー、グワォー、ウゥー、グゥアーオー！」とあると、あまりに本物のトラらしくて、どう読めばいいか、難しいです。というよりも、実はここは本物のトラの声でなくて、

バーナードが吠えたわけですから、子どもが思い浮かべるトラの鳴き声、つまりステレオタイプのほうがいいところです。

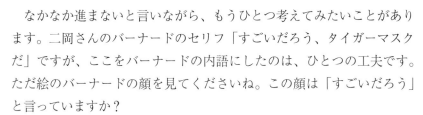

絵の表情をよむ

　なかなか進まないと言いながら、もうひとつ考えてみたいことがあります。二岡さんのバーナードのセリフ「すごいだろう、タイガーマスクだ」ですが、ここをバーナードの内語にしたのは、ひとつの工夫です。ただ絵のバーナードの顔を見てくださいね。この顔は「すごいだろう」と言っていますか？

　二岡「よく見ると、ちょっと違いますね」

　そうなのね。「すごいだろう」というセリフは、見せびらかすときのセリフですよね。ところがこの場面では、バーナードはまだ見せびらかしていません。この絵は、これからやるいたずらを思って「待ってろよ、ヒヒヒ」と悪い期待感（！）にあふれている姿ではないでしょうか。だからセリフを入れるなら、この表情に合ったものにする必要があります。なおかつIt was a tiger maskという情報も入れること。皆さんだったら、何と言わせますか？

　三田「タイガーマスクだぞ～」

　六川「フッフッフ、トラのおめんだ」

　なるほど、ほんのちょっとした違いだけれど、このどちらも悪い期待に合っていますね。でも大切なことがひとつ。もしセリフがピタリと決まらない場合は、あきらめて普通の文章にしましょう。ここは元がセリフではないので、無理してセリフにすることはありません。

　フー、やっと右側のページにたどりつきました。

　バーナードは、にわを　グルグルはいまわって、おそろしい声で
みんなを　こわがらせました。
　ミンが、またなきだして　しまいました。ミンは　アルフィーに、
しがみつきました。

　さっきの文章の構造の話にもどりますが、⑦はこれまで通りバーナー
ドが主語です。でも段落が変わって、⑧と⑨はバーナードでなく、ミン
が主語となっています。ということはこのふたつの文は、関連性が強い
わけですから「ミンは〜して、〜しました」と、つなげてしまったほう
が、すっきりします。

　⑦にもどって、crawling round the garden は、「庭中をはいまわる」です
が、これは「四つんばい」というこなれた日本語がありますよ。英文だ
けを見ていると crawl だから「はう」だな、と思ってそのまま訳してし
まいますが、絵を見てくださいね。この絵を見ていると、「この子ったら、
四つんばいになってるわ」と自然にこの言葉が出てくるのではないでし
ょうか。ぴったりの日本語なので、入れるといいです。

　今の主文を補っているのは、分詞構文ですね。sounding very fierce and
frightening は「fierce で frightening な音を出した」という文章です。
frightening は動名詞ではなく、ing 型の形容詞ですから、まちがえないよ
うに注意してください。つまり「どう猛で、おそろしい吠え声をあげな
がら、はいまわった」のです。とはいえ翻訳は、二岡さんのように「お
そろしい声で、みんなをおどろかした」でいいですね。ここのポイント
は、みんなをおどかした、というところにあるので、私もそうしました。

　三田「私は、sounding fierce して、それから frightening と ing 型がふたつ
続いているんだと思っていました」

　もしそうだったら、frighten は「こわがらせる」という他動詞でないと
ヘンですよね。そして他動詞だったら、目的語が必要です。たとえば

sounding fierce and frightening everyone となっていれば、三田さんの取った意味となります。

二岡「実は、私も……」

はい、まちがってくれて、よかったです。今回は意味があまり変わりませんが、時には全然違った意味になることもあるので、英文の読み取りはしっかり一語一語見ていきましょう。

灰島 訳

　バーナードは　よつんばいで　はいまわって、おそろしい声で、みんなをおどかしました。

　ミンは　またなきだして、アルフィーに　しがみつきました。

辞書の使い方

　翻訳をするということは、毎日辞書をひいて暮らすということです。辞書は頼りになる相棒で、裏切ることのない友だちのはずですが、実は「なんでこれしきの単語が出てないのだ、無礼者！」「こんな説明でわかると思うな、オタンコナス！！」と、八つ当たりすることもよくあります。深く反省しています。なぜなら私が翻訳ができるのは、英単語をいっぱい知っているからではなくて、辞書のひき方がうまいから……だと思います。

早いのは電子辞書

　いちばん使用頻度が高い辞書は、私の場合は電子辞書です（項目数の多い『リーダーズ英和辞典』を使用）。理由は、何と言ってもすばやくひけるから。難しい長めの言葉、たとえば翻訳中の本に出てきたwayfaringを電子辞書でひいてみます。ピッ、ピピピピ、ピンで、3秒～4秒。

　比較のために、紙の『リーダーズ中辞典』をひいてみると、パラパラパラ、パラパラリ、（あっと行き過ぎた）パラリで、どうしても10秒から15秒は、かかります。この差は大きいです。

紙の辞書はつながりを見る

　電子辞書でひいたwayfaringですが、「(n.)（徒歩の）旅」の意味で、形容詞でもあります。ところが本を見ると、wayfaring treeとありました。はて、旅をする木っていったい何？　あちこち歩き回る木なんてものは、大人の本ならありえませんが、絵本や子どもの本となると、これは大いにあり得る話です。あれこれ文章を読み直し考えこんで、5分や10分は経つかもしれません。

　ところがこれを紙に印刷された辞書でひけば、何の問題も起こりません。なぜならwayfaringの次にwayfaring treeという項目があるのが、パッと目に入るからです。足の生えた木ではなくて、これは「スイカズラ科ガマズミ属の低木」のことでした。

　言葉はそれ一個だけで存在するわけではありません。ひとつの言葉の前後左右を見ることができる、つまりその言葉をファミリーのなかで見ることができるというのは、紙に印刷された辞書の非常にすぐれた特質です。ひくのに、電子辞書より7秒よぶんにかかったことは、場合によっては何倍にもなってとりかえせます。

　というわけで電子辞書、紙の辞書、両方とも欠かせません。いつどっちの辞書をひくのかは、ひとことでは言えませんが、長くて難しそうな単語は、かえって意味が限定されているので、電子辞書でまにあうことが多いのです。でも意味の幅がありそうだという場合は、紙の辞書を見ましょう。

大辞典を引くとき

　電子辞書に出ていない単語を探す場合は、当然大辞典の出番です。しかし絵本を訳す場合は、難しい単語というより、よく知っているやさしい単語をひくのに大辞典を使うことも多いのです。たとえばAfter a few short years in London, I had to come back to my house in Yorkshire.という文があったとします。「ロンドンで（短い）数年をすごした後、ヨークシャーの自宅に戻らなければならなかった」と、まあだいたいのところは理解できます。でもこのshortは正確にはどういう意味でしょう？

　ここで大辞典を引くとshortの形容詞に「短く感じられる」

という意味があるのがわかります。しかもa few short years＝またたくまに過ぎた数年、という例文がのっているではありませんか。さあ、これではっきりしました。やさしい言葉でも、どうもあいまいというときは、どっこいしょと重い大辞典をひっぱりだす甲斐があるのです。

英英辞典の威力

　英英辞典をひいたほうが、わかりやすい場合もあります。まず、ひとつの言葉がカバーする範囲が、英語と日本語では大きく異なるケース。例をひとつだけあげましょう。affair を英和辞書でひくと、「業務」とか「浮気」とか、かけ離れた内容が出てきます。でも英英辞典で見ると、things to be doneと説明されています。ウフッ、確かに「業務」も「浮気」もthings to be doneに違いありませんよね。

　もうひとつのケースは、日本にその言葉に当たる実体がない場合です。たとえば、make [pull] facesという熟語は、英和辞書にはたいてい「しかめつらをする」と出ていますが、どうもピンときません。

　子どもがけんかをして「ママ、アリスがぼくをぶったんだよ」「だってハリーがmake facesしたんだもん」とやりあうのは、よくあるケース。「しかめつらしたからだよ」と訳してある本もありますが、ここで考えてみてください。だれかに「しかめつら」をされたからって、仕返しにぶつなんてことがあるでしょうか？

　こういうときのmake facesは英英辞典にあるとおりpull the face into amusing, rude, disgusted expression。つまり欧米の子どもが、相手をバカにして怒らせるためにする、アカンベを

十倍にしたような顔のことです。日本の子どもはmake facesを
する習慣がないため、ぴったり対応する日本語がないのです。
でも英英辞典をひいて内容がわかっていれば、「だってハリーが
あたしを見て、オエーッってやったんだもん」とか「ハリーが
ベロ出してアカンベしてにらんだんだよ」と、仕返しをしない
ではいられないように、言葉をおぎなって訳すことができます。

辞書を引かなかった失敗

　知っている言葉でも、辞書にあたる手間をゆめゆめ省くなかれ、
というのが翻訳の基本です。でも何事も言うは易く行うは難し、
ですよね。私の失敗をお話すると、ある本にbrown bearとあっ
たのを「茶色の熊」としてしまいました。でも読者から指摘が
あってわかったのですが、これは「ひぐま」のことだったのです。
電子辞書でも紙の辞書でもbrownをひきさえすれば、ちゃんと
出ていたのに、ううう……。何よりも、brownは実はトリッキ
ーな言葉だというのを忘れていたなんて、と深く反省。たとえば、
brown sugarは「赤」砂糖で、brown breadは「全粒粉」のパ
ン。brown riceは「玄」米で、brown horseなら「栗毛」の馬。
brown shirtだとふつうは「褐色」のシャツですが、第二次大戦
の話なら、ナチス突撃隊員のこと。brown the potatoesは、ジ
ャガイモを「キツネ色」に焼く、としなければ、こなれた日本
語とは言えません。brown thumbなんていうのもありますよ。
green thumbは植物を育てるのが得意な人のことなので、対す
るbrown thumbは「大地を癒す指の持ち主」？　残念でした。
何でも枯らしてしまう、園芸の才能の無い人のこと（私のこと
です）。フー、翻訳ってやっかいでしょ？　でもなんたる言葉の

玄妙さ！　brownという言葉ひとつから異文化が見えます。そうしてこんなことをみーんな教えてくれるのが、辞書というわけです。

辞書を引いた失敗

　もっとも辞書をひいて失敗するというケースもあります。It often happens that a carrot works better than a stick.という文章は、「ムチよりアメのほうが効果的なことが、よくある」ということわざで、「carrot and stick」とは馬へのごほうびのニンジンと痛いムチのことですから、つまり「アメとムチ」です。ところが翻訳教室のだれかが、これを「棒チョコよりにんじんのほうが身体に良いのがふつうだ」と訳してしまいました。ことわざを知らなかったので、大辞典でstickを調べたところ、「（チョコレート・キャンデーなどの）棒」とあったので、これを採用したんです。確かに、棒チョコよりにんじんのほうが身体にいいです。でも銀紙で一個一個包んであるあの細いチョコのことなら、英語ではfinger chocolateと言うんですよ。

　もしcarrotもひいていれば、こちらにはちゃんと「carrot and stick」がのっていたんですけどね。慣用句は最初の単語で掲載されることが多いのです。最初に出てきた単語からひくべし、と覚えておきましょう。

Chapter
9

でもいちばんのドラマは、
子どもの成長です

七五調の呪縛

かわいい言い方

大きな変化が起きる場所

＜コラム11＞ 言葉遊びをどう訳すか

Bernard's Mum tried to take Min's hand and bring her into the circle, too. But Min wouldn't hold anyone's hand but Alfie's. She went on crying. She cried and cried.

Then Alfie made a brave decision. He ran and put down his blanket, very carefully, in a safe place underneath the table.

Now he could hold Min's hand, too, as well as Bernard's.

✏️ 七五調の呪縛

　ミンを泣かせたバーナードは、ママに叱られますが、どうしてもマスクを脱ぎません。バーナードのママは手をつないで丸くなって遊びましょう、と提案しますが、ミンは泣いています。

　このページは前半は一木さん、後半は三田さんの担当です。では、一木さん、お願いします。

0

「みんなといっしょに、おててつないで」バーナードのママは、こういうと、ミンの手、引いていきました。でもミンは、手をつなぎたく　ありません。アルフィーいがいは、いやなんです。ミンはエンエンなきました。たくさんたくさん　なきました。

　一木さんは今度もユニークな文章ですね。七五調のリズムで整えていて、さすが文体の冒険家（笑）の一木さんです。皆さん、感想はいかがですか？

　三田「リズミカルで読みやすいです」

　四谷「読みやすいんですが、ちょっと古めかしいような気がします」

　日本語は七音と五音にすると、リズミカルになります。短歌とか俳句はもちろん、さまざまな標語も、七五調が多いですよね。ところが七五調のリズムを、翻訳に活かすのは、なかなか難しいのです。まずリズムが良すぎて、すらすら読めますが、そのぶん内容が頭に入りにくくなりがちです。耳から耳へと、すーっと抜けてしまうんですね。それからこのリズムは単調なので、ずっと続くと退屈してきます。また四谷さんが言うように、何と言っても使い古されたリズムなので、古めかしい感じもします。というわけで、せっかく一木さんが苦労して整えてくれたのですが、この絵本に合うかどうかとなると、大きなクレッションマークが浮かびます。

　一木「私も迷っていたので、別バージョンも用意してきました」

　おお、それでこそ文体の冒険家！　すごい手回しのよさですね。さまざまな文体を試してみるのは、とてもいいことだと思います。このクラスは「冒険歓迎、まちがいはもっと歓迎」です。ほら、この標語も、ちょっと字余りだけれど、七五調ですよ。こんな具合に、リズミカルにしようとすると、七五調になっちゃうんですね。七五調は日本語にとって、ほとんど呪縛とでも呼びたいほど、切っても切れないご縁があります。

標語の場合は使い古されたリズムでいいわけですが、絵本1冊丸ごとというのは、やはり避けたほうがいいと思います。でもこれからも、こういう文体はどうだろうと思ったときには、どしどしチャレンジしてみてくださいね。

　さて、さっき呪縛といいましたが、もちろん七五調がいけない、というわけではありません。リズミカルにしたいと思えば、どこかで七五調が自然に入ってきます。ただし七五調に作りすぎるのは避けてください。作らなくても、これは私たちの体に内在しているリズムなので、自然に出てきます。その、自然に出てくる七五調をどのくらい採用して、どのくらい崩すか、冷静に判断すること。これが、センスの見せ所となります。

　では、実際に七五調を活かした名訳を見てみましょう。ルドウィッヒ・ベーメルマンス作、瀬田貞二訳『げんきなマドレーヌ』（福音館書店）です。原文と瀬田貞二訳の日本語を右ページに並べてみました。

　原題の*Madeline*は元はフランス系の名前ですが、今では英語になっていて、マデラインと発音します。翻訳がマドレーヌとなっているのは、このほうが日本人にとっては、フランス語の名前らしく感じられるからでしょう。さて最初の vines　［váinz］と lines ［láinz］は、［ainz］の部分が同じ発音となっているところに注目してください。ふたつの単語は主人公の Madeline ［mǽdəlain］の ［ain］とも響き合っています。こういうのをライム（rhyme）と呼びます。脚韻を踏むということですが、もっと広く、韻を踏んでいるという意味でも使いますし、韻文自体をライムと呼ぶこともあります。英語は主語＋述語となりますが、述語は多くの場合［動詞＋目的語］ですから、文の最後はさまざまな名

In an old house in Paris that was covered with vines	パリの、つたの　からんだ ある　ふるい　やしきに、
lived twelve little girls in two straight lines.	12にんの　おんなのこが、くらしてい ました。
In two straight lines they broke their bread	2れつになって、パンを　たべ、
and brushed their teeth	2れつになって、はを　みがき、
and went to bed.	2れつになって、やすみました。
They smiled at the good	いいこと　みれば、　にこにこがお、
and frowned at the bad	わるいことには、しかめっつら、
and sometimes they were very sad.	むねの　いたむことも　ありました。
They left the house at half past nine in two straight lines	2れつになって、　9じはんに、
in rain	ふっても、
or shine —	てっても、さんぽに　でました。
the smallest one was Madeline.	なかで　いちばん　おちびさんが、 マドレーヌで、
She was not afraid of mice —	ねずみなんか　こわくないし、
she loved winter, snow, and ice.	ふゆが　すきで、スキーも　スケート も　とくい、
To the tiger in the zoo Madeline just said, "Pooh-pooh,"	どうぶつえんの　とらにも、へいっち ゃら。

詞となって、ヴァリエーションが豊かです。たとえば

    The pig is <u>fat</u>,

    Fatter than my <u>cat</u>.

と言えば、fat [fæt] と cat [kæt]はライミングしています（＝韻を踏んでいます）。ライムには口にしたときに快さがありますから、絵本の文章には多いのです。

　たとえばある英語の絵本について、インターネット書店アマゾンのアメリカの読者批評欄にこんな意見がのっていました。「この作者の前の絵本には、楽しいライムがたくさんあって、私も娘も大好きでした。だから新作が出たと聞いて、大喜びで購入したんですが、こっちにはライムがないではありませんか。がっかりです。どんなに絵がよくても、ライムがないなんて……」。ね、こんな具合に、無いと怒るくらい、ライムは人気なんですね。絵本にとって口に出して楽しいということがいかに大事か、よくわかります。

　ではそのライムの英文を、瀬田さんはどのように訳しているでしょうか？

　口に乗せて楽しい日本語にするために、ところどころが七五調になっています。「2れつになって、パンを　たべ、2れつになって、はを　みがき」がそうですね。でもその次の「2れつになって、やすみました」は7音＋6音で、はずれています。七五調を取りいれつつ、それを続けずに、うまく崩しているわけで、ここがポイントです。無理に七五調にそろえずに、七音五音を取りいれながら、自然なリズムを追っているのです。

　マドレーヌちゃんの絵本は、うちの娘が小さかったころのお気に入りですが、娘はこれを持ってきては「トラなんかへいっちゃら、読んで」と言っていました。ここのところがいちばん印象深かったようです。「へいっちゃら」という言葉自体が楽しい言い方ですが、よく読むと「トラ」と「へいっちゃら」がライミングしています。「おそろしいトラも平気

なマドレーヌちゃん」のかっこよさと、ライミングの楽しさがうまくマッチして、子どもの印象に刻まれたのでしょう。子どもは言葉遊びが好きですが、それは彼らが言葉を獲得している途上にあることと関連しているのかもしれません。

瀬田訳は、七五調や言葉遊びを上手に取りいれながら、抑制がきいていて上品であるところが、さすが、と感心します。

かわいい言い方

では一木さんのもうひとつの訳を検討することにしましょう。

> **生徒訳**
>
> バーナードのママは「みんなといっしょに、おててをつないで、わになりましょう」と、ミンの手を引いていきました。でもミンは、アルフィーいがいとは、手をつなぎたく　なかったのです。ミンはエンエンなきました。いっぱいいっぱい　なきました。

うん、やはりこちらのほうがいいですね。

最初の文は、英文ではセリフになっていませんが、一木さんはバーナードのお母さんのセリフを入れました。これはいい考えだと思います。私は逆にミンのほうをセリフにしました。

ただし「おてて」はどうでしょうか？　「おてて」「あんよ」「おくつ」などはいわゆる「赤ちゃん言葉」ですが……

一木「ここはお母さんのセリフなので、お母さんって、こういう言い方をするのではないかと思ったんです」

なるほど。赤ちゃん言葉は地の文では使わないが、それを使いそうな人のセリフでは使う、という使い分けは正しいですね。確かにバーナードのお母さんはミンをなぐさめたいわけなので、ふだんは使わなくても、

ここでは使うかもしれませんね。このあたりは翻訳者それぞれの判断というところです。好みもありますが、私はすこーし、違和感があります。この子たちは4～5歳児であること、バーナードのママの服装や表情を見ると、さっぱりした性格の人という印象を受けるので、ふつうなら「手」でいいと思います。でもミンをなぐさめたいという気持ちから「おてて」と言うこともありうるでしょう。

「おひざ」や「おめめ」だと甘ったるいですが、「おなか」「おしり」だと、ふつう女性は「お」をつけますよね。なんとも日本語は難しい。詩人の伊藤比呂美さんの育児に関するエッセイ集に『おなか・ほっぺ・おしり　そしてふともも』（婦人生活社）という題のものがありますが、最後の「ふともも」が「あんよ」や「ももさん」などの甘い言葉でないからこそ、タイトル全体がピシッと決まっているのではないかしら。絵本も、対象年齢がもっと下のもの、つまり赤ちゃん向けのものは、赤ちゃん言葉を使うこともあるのですが、甘い言葉の「甘味」はおいしいからこそ、不必要なところでは甘くなりすぎないよう気をつけましょう。

「エンエンなきました。いっぱいいっぱい　なきました」も、かわいい言い方ですが、少々もたつきます。実はこのページの、この部分の次に、絵本全体の中でも大変重要な場面が来るんですね。ですからここはどちらかといえばサラリと訳して、次にそなえたいところです。

灰島 訳

　ママはミンの手をとって、みんなで作ったわのなかに入れようとしました。でもミンは、なきやみません。エーンエーン、手をつなぐのは、アルフィーとじゃなくちゃ、いや。

大きな変化が起きる場所

後半は三田さん、お願いします。

> **生徒 訳**
>
> 　そこでアルフィーは、ゆうきを出すことに　決めました。テーブルのところまで走っていくと、その下に、たいせつなもうふを　そーっと　おいたのです。
>
> 　こんどはミンと手をつなげました。バーナードともつなげますよ。

　ここで、大きな出来事が起こったことを読みとってくださいね。アルフィーはシャボン玉で遊んだときも、おやつを食べたときも、断固として大事な毛布を手放しませんでした。でもミンが泣いているのを見て、思わず手をつないであげたくなったのでしょう。そのために、ついに毛布を手放します。ここまできてやっとバーナードのおうちに慣れてきたということもあるかもしれません。でもそれ以上に、アルフィーの気持ちが、ここで変わったわけです。シャーリー・ヒューズは「アルフィーは心がやさしかったので」とか「えらかった」といった、説明はいっさいしていません。でもアルフィーがやさしい気持ちを持って、勇気ある決断をしたことを、Alfie made a brave decision.という1行で、サラリと伝えてくれます。一流の子どもの本の作家たるゆえんです。

　では翻訳もサラリといくのかというと、結果としてはそうありたいです。ただし翻訳する心構えとしては、この部分は気持ちの変化が起こったところで重要だな、としっかり意識してくださいね。もちろん、重要なところだと気張りすぎて、おおげさになってはいけませんよ。でもここは、とくにアルフィーの心の変化にピタリと焦点があってほしいところです。ですからそれをよく理解した上で、それからサラリと訳しましょう。

　そこでアルフィーは、とってもゆうきのあることをしました。走っていって、テーブルの下に、だいじなもうふをしまったんです。

　ほら、これで、ミンとも、バーナードとも、手をつなぐことができました。

put down 〜 very carefully の very carefully は「注意深く（置く）＝だいじに（置く）」ですから「だいじなもうふ」と毛布の方を修飾しました。a safe place underneath the table は、「しまいました」とすれば感じが伝わると思います。

　今回勉強したところは字が多くて、地味なページですよね。絵本の流れとしては次ページの見開きがクライマックスです。でも内容的には、このページこそが、流れの変わった分岐点であることを読みとってください。そしてその内容を、しっかり伝えるよう訳してください。

　ところで、流れの変わった大切な場面は、どんなふうか、もう一度見てみましょう。文もさりげなかったのですが、アルフィーの後ろ姿を描いた絵も、さりげないです。ところが、あれ、似たような絵があったような気がする、と思って探してみると、あるんですね、これが。

　どこかというと、Chapter 3で見たアルフィーが自分のベッドから毛布を引っぱりだしている絵です。ふたつの絵を並べてみましょう。毛布を引っぱりだしているアルフィーは、毛布をしまっているアルフィーと身体の向きがまったく同じです。でも最初の後ろ姿は、いかにも及び腰。ところがあとの後ろ姿は、毛布を手放した場面ですから、比べてみると、ずいぶんしっかりとしています。ええっと、ここにしまっとこう、という感じで、黙々と、でも決然と、毛布をテーブルの下に押しこんでいますよ。

　五島「ほんと、そう思ってみると、アルフィーのこちらの後ろ姿には、男らしさがただよっているようですよ」（笑）

　四谷「わー、すごいですね、シャーリー・ヒューズって！　アルフィーの変化を、後ろ姿の絵にしっかり描いているんですね」

　そうなんですよ。同じ後ろ姿を2枚描くことで、その変化をしっかり見せてくれているというわけです。大きくもなければ、格別読者の目を引くわけでもないこの絵が、どれほど大事なものか、わかっていただけたことと思います。翻訳は文章を訳すわけですから、この絵の意味がわかっていようがいまいが、それほどの違いはないかもしれません。でもね、絵の意味をわかっていたほうが、やっぱり、作品全体にこめられる息づかいが違ってくるはずだと、私は思います。翻訳は、作者へのホットな共感が必要ですから。ただし自分の文章をチェックするときには、クールな批評感覚も必要ですよ。

　ところで、アルフィーはお友だちのバーナードに比べるとずっと気が弱い子どもですよね。お誕生会におよばれしたのに、毛布をずるずる引きずっていくくらいの。でもお母さんは「毛布なんか、持っていっちゃダメ」とは言いません。私だったら「そんなきたない毛布抱えていったら、笑われるわよ。ママまでヘンだと思われるから、よしてよ」なんて言いそう。われながら、かなり情けない母親ですね。それに比べて、アルフィーのお母さんも、それからバーナードのお母さんも、アルフィーから無理に毛布を引き離そうとするところがありません。「彼の時」が来たときに、自然に手離すのを待っているわけです。こういう成長を待

つ姿勢って、とっても大切なんだと思います。そしてアルフィーがミンに頼りにされて、そのミンを助けようと思ったときに、「アルフィーの時」が訪れるわけです。アルフィーもステキだけど、お母さんたちもとってもステキじゃない？　あっと、だれも翻訳教室で、子育てについて説教されたくないですよね。ゴメン。だけど子育てに共感しながら、子どもの世界を楽しく描くシャーリー・ヒューズって、なかなかいいでしょ？

　では次回はとても楽しいページです。

Column 11 言葉遊びをどう訳すか

　英語の言葉遊びをどう訳すか、これには頭を悩ませます。と言いながら、実は私は言葉遊びが大好きで、いつも遊べるチャンスをねらっているんですが……。

　ひとつ例をあげると『さびしがりやのドラゴンたち』（シェリー・ムーア・トーマス文、評論社）という私が訳した絵本があります。これは原題が *Good Night, Good Knight* で、nightとknightの同音異義語を楽しんでいます。題だけでなく、これが「決め」の場面の言葉遊びでもあるのです。

　意味を訳せば「おやすみなさい、いい騎士さん」ですが、これでは、おもしろくもおかしくもありません。

　さーて、どうしよう。音をそろえて遊べないかと「ゆーめー（有名）な騎士が、いいゆ〜め〜（夢）を、と言った」とか「ゆーかん（勇敢）な騎士が、ゆ〜かい（愉快）な夢を、と言った」など、あれこれ思い浮かべました。でも、どれもイマイチ。言葉遊びは、受け手が少しでも「無理してるな」と感じたら、失敗です。受け手は無理を感じた瞬間に、しらけてしまうんですね。

　私は結局、この部分での言葉遊びはあきらめました。

そのかわりこの部分とは違うところに、たっぷりとお楽しみを
用意しました。

　「ゆうかんな　きしは、
　とうから『トオッ』と　とびおりて
　へいを　へいきで　はいおりて
　うまに　うまく　またがって」

森にでかけます。

　「どらどらと　ほらあなを　のぞくと、
　ふらふらと　でてきたのは
　ドラネコ？　じゃなかった、ドラゴンだった」

とドラゴンとご対面します。

　このあたりは、実は英文には言葉遊びはありません。でもい
ちばんのポイントの言葉遊びを逃している私としては、遊べる
ところで遊ぶしかありません。場所を移しての言葉遊びで、翻
訳の方法としては順当ではありませんが、まあ、こういう手も
あるということでご理解ください。

　この絵本は書評に取りあげられることは少なかったのですが、
声に出して読むと楽しい絵本として地味に売れ続けて、何年か
たって再版となり、続編も出たんですよ。どうやら、私の「こ
こでダメなら、あちらで」方針を、楽しんでいただけたようです。

Chapter
10

手をつないだり転がったり、
楽しいクライマックス

マザーグース

<コラム12> マザーグースって、なに？

<コラム13> マザーグースの翻訳

Min stopped crying. She wasn't frightened of Bernard in his tiger mask now she was holding Alfie's hand.

マザーグース

では、四谷さんお願いします。

生徒訳

　ミンはなきやみました。アルフィーに手をつないでもらっていれば、トラのマスクのバーナードなんか、へっちゃらです。

She joined in the game and they all
danced round together, singing:

"Ring-a-ring-o'-roses
A pocket full of posies
A-tishoo, a-tishoo,
We all fall DOWN!"

ミンがあそびの　なかまに入ると、みんないっしょに　うたいな
がら　わになって、おどりました。

「バラのまわりを　手をつないで　おどろ。
ポケットにゃ　はなたば　いっぱいだ。
あ　ハックション　あ　ハックション
あれ　しりもちついた！」

とってもよくできていますね。もうお話しましたが、ここに出ている短い詩はマザーグースの一篇で、歌遊びになっています。このページはまず私の訳を出してから、マザーグースの訳についてお話します。

灰島 訳

　ミンはなくのを　やめました。アルフィーと手をつないでいれば、もうトラのマスクも　こわくはありません。

　ミンもいっしょに、みんなで丸いわになって、うたにあわせて、ぐるぐるまわったり、ころがったりして、あそびました。

　「バラのわっかを　つくろうよ。
　ポケットいっぱい　はないっぱい
　くしゃみだ、大きなハークション
　すってんころりん、みんな　こけた！」

　マザーグースの部分以外は、あまり問題はないでしょう。四谷さんの「ミンがあそびのなかまに入ると」は英語の通りですが、ミンは今やっている、この歌遊びに入ったわけなので、「ミンもいっしょに」でいいでしょう。ぐるぐるまわって、最後にみんなで転がるというだけなので、四谷さんのように「わになって　おどりました」というと少し大げさかな。これが歌にあわせて体を動かす遊びであることは、英語圏の人はよく知っていますが、日本ではなじみがありません。そこで私は「うたにあわせて、……」と、少し説明を補いました。

　なじみのない文物が出てきたときは、どうするか、これもケースバイケースで解決するしかありません。長い本なら、注を入れることもあるでしょう。絵本でも注を入れるケースはありますが、本文中の前後でさりげなく説明を加えることができれば、そのほうがいいと思います。

　マザーグースの部分のRing-a-ring-o'-rosesは「丸くなってバラの輪にな

りましょう」という意味です。日本の遊びの「ひ〜らいた、ひらいた。れんげの花が　ひ〜らいた」というのと同じように、子どもたちが手をつないで丸くなったところを、花に見立てているのです。

　次の行のA pocket full of posiesは「ポケットいっぱいの花がある」。posiesとrosesはライムになっています。A-tishooはオノマトペで「ハクション」です。花からハクションに突然移るのは、マザーグースらしい飛躍としかいいようがありません。日本語は「花」と「鼻」が同音なので、私は「はな　いっぱい」と入れました。でもこれで「鼻＝くしゃみ」を連想してもらえるかどうかというと、必ずしも連想してはもらえないでしょう。でも元々そういう連想があるわけではないので、これは読者が連想しても、あるいはしなくても、どちらでもよいと思います。

　ところで日本ではくしゃみをすると「あ、だれかがうわさしている」と言いますよね。英語ではくしゃみをした人に向かって、よく "God bless you" と声をかけます。「神の祝福を」という意味ですが、くしゃみをすると、何か悪いものがとりついたように感じるところは、どうやら洋の東西を問わないようです。

　みんなでハクションと唱えながらぐるぐる回って、最後にコロンと地面に転がります。それだけの単純な遊びですが、小さい子どもたちは大好きですよ。マザーグースのなかでも、もっともポピュラーなもののひとつです。手をつなぐ機会があると、必ず誰かがやろうと口にするほど。みんな笑いながら回って転がって、何回でもやりたがります。

　この部分の翻訳は、口ずさめるような、楽しいものにしてくださいね。日本の子どもたちがこれを見て遊ぶということはないでしょうが、それでも絵のなかの子どもたちのために、ほんとに遊べるように訳してあげてください。どこで転がるかというと、歌の最後なんですけれど、コロンと転がることがはっきりわかるように訳すといいですね。

　絵本の翻訳をしていると、マザーグースの断片が出てくることがよくあります。英文学の翻訳には、聖書とシェイクスピアの教養が欠かせな

いと言われますが、絵本の翻訳にはマザーグースの知識がとっても役に立ちます。ふだんから興味を持って、勉強してください。

ところで五島さんに、初めてのお孫さんが誕生したそうですよ。五島さん、おめでとうございます。

五島「ありがとうございます。男の子でしたので、この絵本をいつか読んであげるのが楽しみです」

いいですねえ。人は一生に3度、絵本と出会うと言われているんですよ。最初は子どものころ、2回目が親になって、子どもに読んであげるとき。そして次に祖父母になって、孫に読んであげるとき。3回目がいちばん余裕があって、楽しいのではないでしょうか。

ついでに子どもの本のいいところは、年をとってから書いたり翻訳したりすることが可能ということです。これが若い人向けのラブストーリーとなると、その時代ごとの風俗についていくのは、なかなか大変です。でも子どもの本の世界は、それほど流行に左右されないので、風俗や流行を追いかける必要がありません。

『グリーンノウ』のシリーズ（評論社）を書いたルーシー・M・ボストンは、60歳を過ぎてから本を書き始めました。園芸が好きで、古代バラの育成に情熱を燃やしていたんですが、冬は園芸の仕事がありません。それでせっせとキルトを作っていたんですね。『ボストン夫人のパッチワーク』（ダイアナ・ボストン作。林望訳、平凡社）という、ボストン夫人の息子さんの奥さんが書いた本が出ていますから、キルトの好きな方はぜひ見てください。すばらしいキルトです。ところがだんだん目が悪くなって、細かい針目を見るのがつらくなりました。それでキルトをあきらめて、他にできることはないかと考えたときに浮かんだのが、物語を書くことだったのです。というわけで、ここにいる全員に将来性があるというわけです。がんばりましょう。

マザーグースって、なに？

　マザーグースはひとことで言えば、英語圏の人々のあいだで口から口へと伝わった童謡の集大成です。アメリカでは「マザーグース」という言い方が一般的ですが、イギリスではあまり使われず、「ナースリーライム」（nursery rhyme）と呼ばれています。

　童謡とはいえ楽しいものばかりでなく、奇怪だったり残酷だったりするものもたくさんあります。謎めいているのは、忘れられてしまった歴史の断片や古い習俗が入っているからでしょう。

　そういえば、本文に出てくる ring-a-ring-o'-roses も、飛躍があって、不思議な歌ですよね。

　この歌の内容と起源にはいくつかの説がありますが、よくわかってはいません。真偽は定かではありませんが、中世に起こったペストの大流行のときの歌だという説もあります。まずバラが出てきますが、頬がバラ色に染まるというのは、ペストの初期の特徴です。次に出てくるポケットの花束とは、当時唯一の治療薬だったハーブの束のこと。その次のくしゃみと転がる仕草は、くしゃみをして熱が出たら、みんな倒れて死んでしまうという意味とか。こう解釈すると、不気味で恐ろしい歌ですね。

　でも一方で、子どものなかにはバラの花を笑わせる才能を持った子がいた、という言い伝えが起源となっているという説もあります。

　次ページに掲載した図版はケイト・グリナウェイのマザーグースの絵本からの1枚ですが、3行目と4行目が別の形になっています。口承ですからさまざまなヴァージョンがあるのですが、

現在ではシャーリー・ヒューズが書いた形が定着しています。

　子どもたちは歌に合わせて、地面に転がりますが、そこから立ちあがるための2番があるので、ご紹介しましょう。

Ring-a-ring a-roses,
A pocket full of posies ;
Hush ! hush ! hush ! hush !
We're all tumbled down.

> The cows are in the
>   meadow
> Lying fast asleep,
> A-tishoo! A-tishoo!
> We all get up again
> （のはらにゃ　めうしがいっぱいで、
> みんな　ぐっすり　おひるねだ。
> くしゃみだ、大きなハークション。
> みんな　いっしょに　たちあがろう！）（灰島かり訳）

これで転がったり、立ちあがったり、両方できますね。

マザーグースの翻訳

　マザーグースの日本語訳は谷川俊太郎さんのものが有名です。『よりぬきマザーグース』（岩波少年文庫）は、谷川訳の他に、元の英文と鷲津名都江さんの解説も載っているので、なかなかお得な1冊ですよ。他に北原白秋さんの訳した『まざあ・ぐうす』（角川文庫）もあって、また違った味わいがあります。

　よく知られている「靴のおうちのおばあさん」を、矢川澄子さんの訳も入れて比べてみましょう。

There was an old woman who lived in a shoe;
She had so many children she didn't know what to do.
She gave them some broth without any bread;
Then whipped them all soundly and put them to bed.

北原白秋訳

おくつの中におばあさんがござる、
子供がどっさり、しまつがつかない、
おかゆばっかり、パンもなにもやらず、
おまけに、こっぴどくひっぱたき、
ねろちゅば、ねろちゅば、このちびら。

矢川澄子訳

くつのやかたのおばあさん
てんてこまいの子だくさん

パンもやらずにかゆばらで
むちでベッドにたたきこむ

谷川俊太郎訳
　くつのおうちの　おばあさん
　てんやわんやの　こだくさん
　スープいっぱい　あげたきり
　みんなベッドへ　おいやった
　むちでたたいて　おいやった

　靴のお家に、なぜ子だくさんのおばあさんが住んでいるので
しょうか？　ヨーロッパでは靴は豊穣のシンボルだったからと
いうのが定説ですが、ネズミの一家のことだという説もあります。
　翻訳はそれぞれすぐれていて、比べてみるとまたいっそう味
わいふかいものがありますね。谷川訳は七五調の軽やかなリズ
ムと、脚韻をもっていて口ずさみやすいです。矢川訳は「かゆ
ばら」という言葉がおもしろい。brothはスープですが、日本文
化に置きかえると、確かに「おかゆ」でしょう。ムチでベッド
にたたきこんだ、というところ、うちの子は寝つきが悪かった
ので、ムチで眠りにたたきこみたかった経験あり、です。北原
白秋訳の「ねろちゅば」は「ねろってば」を、どこかの方言で
言ったのでしょうか。「ちゅ、ちゅ、ち（び）」という音が入っ
ていて、ねずみっぽいところが、なんともおもしろいですね。

Chapter
11

子どもたちを見守る
お母さんの気持ち

セリフのかげの心理を把握する

<コラム14> ヘンリー八世はスケバン？

"What a helpful guest you've been, Alfie," said Bernard's Mum, when Alfie thanked her and said good-bye. "Min wouldn't have enjoyed the party a bit without you. I *do* wish Bernard would learn to be helpful sometimes –

– Perhaps he will, one day."

セリフのかげの心理を把握する

　さて体を動かして遊んだあとは、アイスクリームを食べたり、大きな風船をふくらませたりして、楽しく遊びました。アルフィーの毛布はそのままテーブルの下です（これが肝心ですよね）。みんなたっぷり遊んで、いよいよ会がお開きになるころ、アルフィーのママが迎えにきてくれます。ここの担当は五島さんですね。

Chapter 11

生徒訳

　「アルフィー、ありがとうね。おかげで、ほんとうにたすかったわ」
　バーナードのママが言うと、アルフィーは
　「きょうはどうもありがとうございました。さようなら」ときちんとあいさつしました。
　「アルフィーがいなかったら、ミンはちっともたのしくなかったと思うわ。うちのバーナードも、いつか、もっといい子になってほしいのだけど……
　　　……とうぶん　むりかもね」

　ええっと、五島さんの訳はまずバーナードのママのセリフがあって、それからアルフィーのあいさつがあります。元の英文の順番通りですが、英文をよく読むと、実際はアルフィーのあいさつが先で、それにバーナードのママが応えているんですね。五島さんの翻訳だと、それが逆になっています。ここは英文の順序通りではなく、しゃべった順番に訳したほうが、わかりやすいです。それに逆にすると、バーナードのママのセリフをまとめることができます。

　少しゴタゴタしますが、ちょうどいい機会なので、お話します。実は原語で書かれた順番を守って訳すのは大切なことです。この場合、作者はバーナードのママのセリフをポンと出してきて、これを強調したかったんだと思います。文法が違うので、百パーセント守ることは不可能ですが、今の翻訳は、できるだけ作者の繰り出す順番を守って、情報を伝えようと努力します。「今の」と言ったのは、ひと昔前は、そんなことはあまり考えなかったからです。ただこれも、時と場合によるんですね。ここではやはりあいさつしたアルフィーに向かって、バーナードのママがほめてくれた、この順番に訳したほうが、すわりがいいと思います。そのかわり、アルフィーのセリフは短くまとめましょう。

　「うちのバーナード」という言い方は、とってもいいですね。お母さ

んたちはこういう言い方をよくしますよね。

　バーナードのママは、バーナードに helpful になることを覚えてほしいと言っています。この helpful を、五島さんは、よく工夫して、「いい子」と訳しています。「いい子」は漠然としていますが、そのぶんカバーする範囲が広いので、使えますね。ただ「いい子＝ママの言うことをきく子」という、ネガティブなイメージがあるかもしれません。皆さんはどう訳されましたか？

　二岡「わたしは『もっとお手伝いをしてほしい』としました」

　六川「『お友だちのことが考えられるようになってほしい』ではどうでしょう？」

　では、helpful がどんな状態が具体的に考えてみましょう。アルフィーは helpful でしたよね。でもトラのマスクをかぶって、泣き虫のミンを泣かしていたバーナードは helpful ではありませんでした。helpful は「助けになる」ですが、ママの頭にあるのは「ママのお手伝いをする姿」ではなくて、「みんなが楽しめるように手助けをする＝お友だちのことも考えて行動できる」ということがあるのではないかと思います。これを具体的にそう書くかどうか、迷うところです。あまりていねいに解題して書くと、説教くさくなる恐れがあるからです。私は「やさしい子」としました。「いい子」よりも「お友だちのことを考えられる」という意味が入るかな、と思ったのですが、どんぴしゃりというわけではないです。helpful はなかなか訳しにくいですね。でも、漠然とした言葉にするにしても、具体的に何を指しているのか、考えてください。子どもの本の翻訳は、イメージが具体的にはっきり浮かぶように訳すことが大切ですから。

　もう少しバーナードのママのセリフを精読してみると、I *do* wish 〜の *do* がイタリック体になっていることに気がつきます。wish を強調するための do がついていて、それがイタリック体でさらに強調されています。でもそれほど深刻な意味ではなく、会話のなかで「ああ、もういやにな

っちゃうな」と嘆くときの言い方です。バーナードのママは、「ああもう、ほんとにうちのバーナードも、どうにかならないかしら」と言っているのね。sometimes は「ときどき」という副詞ですから、「せめてときどきは helpful になってほしい」わけです（ついでに五島さんが書いている「いつかは」ですが、これを意味する英語は、sometime で、s がついていません。まちがえやすいので、注意しましょう）。

こういう「ワンパクで、たくましく育って」くれた男の子は、おとなしい男の子を持った親から見るとうらやましいところもありますが、でもよその子を傷つけたり、自分を傷つけたりするかもしれず、お母さんにとってはひやひやすることの連続でしょう。

ところが結びの言葉が、Perhaps he will, one day. となっています。「いやんなっちゃうわ、うちの子はダメで」と言った後で、「でもいつの日か、できるようになるでしょう」と言い直しているんですね。本人のバーナードがそばで聞いているわけですから、ママがたとえ謙遜の気持ちからでも「うちの子は、ほんと、ダメなの」と言うのを聞いたら、ちょっと傷つきますよね。だからポジティブな言葉で終えているわけです。

以前にも出た「待ちの姿勢」が感じられて、これはバーナードのママのセリフですが、作者のシャーリー・ヒューズの声がだぶっているように、私は思いました。この文章をもう一度見てみると、これだけスペースを移して、離しています。ここは文を離しておくことに意味があるので、もちろん翻訳もこのとおりにしたいです。この空きスペースは、バーナードのママの心が変化するために必要な間合いです。そしてこの間合いがあるから、シャーリー・ヒューズの声がかぶさっていることに無理がないわけです。五島さんはこの間合いはきちんと取っているのですが、「とうぶん　むりかもね」は、もう少しポジティブに変えてあげたいと思います。

たとえば「まだ、もうしばらくは　むりみたいね」と「まだ」を入れるだけでも、だいぶニュアンスが変わりますよ。「もうしばらくは無理

だけど、そのうちには……」という意味になりますから。

　六川「私は、この路線をさらに進めて『きっと　いつかは　わかって　くれるでしょう』としました」

　いいですね。英語にぴったりそっているし、意味もまったくその通りです。「わかってくれるでしょう」は、日本語としてもこなれています。ただお母さんのセリフとしては、少々冷静な感じがするかもしれません。私自身は「（まったくうちの子ったら……。）しばらくは　このちょうしかしらね」としました。このほうが、ため息をつきながらもじっくりと成長を待っているふんいきが出るかなと思ったのですが、これはそれぞれのセンスの違いなので、必ずしも私の訳のほうが良いというわけはありません。

　それにしてもそんな親の心配をよそに、バーナードはあいかわらずトラのマスクをかぶってガオガオやっていますよ。このギャップ、おもしろいです。でもギャップのおもしろさもさりながら、この絵と、そのわきの文章「しばらくは　こんなちょうしかしらね」を重ねて読むと、この子もいつか「バーナードの時」を迎えるにちがいない、という期待が感じられませんか。いつかバーナードの物語が語られそうで、それもとってもいい話になるにちがいない、と暖かい気持ちになれます。

　六川「よく見ているうちに、トラの顔がなんだか申し訳なさそうに見えてきました……」

　二岡「私は自分の子育てを反省させられました」

　アハハ、私もです。つまりシャーリー・ヒューズは子育てのシーンをしっかりとリアルにとらえて、暖かく描く作家なんですね。私はナンセンスの絵本やファンタジーの絵本も大好きですが、こういう子育ての世界をいきいきと描いたリアリズムの絵本も、たくさん出版されてほしいと思います。

灰島 訳

　かえるときになって、アルフィーが「ありがとう。さよなら」と
あいさつすると、バーナードのママが言いました。
　「きょうはアルフィーのおかげで、とってもたすかったわ。アル
フィーがいなかったら、ミンはちっともたのしくなかったことでし
ょう。うちのバーナードも、もっとやさしい子になってほしいけど
……
　……もうしばらくは、このちょうしかしらね」

ヘンリー八世はスケバン？

　子どもがどうやって英語を覚えるのか、大人の常識はなかなか通じません。うちの娘は11歳のときに英国に２年間ほど住むことになりました。忙しかったので、渡航前に英語を教えることもできず、英国行きの飛行機のなかでアルファベットの歌だけ教え（何という付け焼き刃！）、初めて学校へ連れていった日にpleaseとtoiletだけを教えました。

　英語が通じなくて、友だちと仲良くしてもらえるのかしら、と心配でしたが、友だちとの遊びにはあまり言語は必要ではなかったようです。学校に行きだして２週間ほどたったある日のこと、帰宅した娘は、近所に住んでいて顔なじみのナタリー（娘の発音では、ナッツリン。で、こちらのほうが英語の音に忠実です）と遊んだ、と言うのです。

　「何して遊んだの？」と私が聞くと、娘は「スケバンごっこだよ。あのさ、ナタリーはスケバンのマネがすっごくうまいんだよ。感心しちゃった」とのこと。

　楽しく遊んだというのはうれしいけれど、はて、スケバンごっこって、いったい何？　英国にもスケバンがいましたっけ？

　不思議でたまらなかったのですが、疑問はそのうち解けました。買い物の途中で出会ったときに、当のナタリーが教えてくれたんです。

　「あのねえ、あたしたち、歴史の時間にヘンリー八世のことを習ってるの。だからあたしたち、ヘンリー八世ごっこをやって遊んでるんだよ。ミドリは英語ができないから、フランス王の役。そんでね、ミドリはフランス王のマネがすっごくうまいの。感

心しちゃった」ですって！

　はー。スケバンって、ヘンリー八世のことだったんですね。たぶんえばったり、お妃を殺すマネをしたりしたんでしょう。すごい行き違いだけれど、それでも楽しく遊べるって、子どもってすごい！

　こんな具合に、お友だちと遊ぶのにあまり不自由はしなかった娘ですが、学校では緘黙児（かんもく）だったようです。4月から英国の小学校に入学し、3カ月たって夏休みとなりました。夏休みの前の日に、担任の先生と話をする機会があり、「うちの娘は少しは英語をしゃべれるようになりましたか？（お友だちとしゃべってるみたいだから、きっと大丈夫ですよね）」と、余裕をもって聞いたところ、先生はにこやかに答えてくれました。

　「ミコなら、まだ一言も発していませんよ」

　「えっ、だってあの、ハローくらい言うでしょ？」

　「いいえ」

　「ええっ、あのあの、サンキューは言えると思いますけど」

　「いいえ。サンキューどころか、アーもウーも、音らしきものは、教室ではまだひとことも発していませんよ」

　「だって、あのあの、もう3カ月もたったんですよ。3カ月間も、毎日毎日、うちの子は学校で、いったい何をしてるでしょうか」

　「ニコニコして座っているんですよ。大丈夫よ。学校がイヤならニコニコはしないでしょ。ニコニコしてるってことは楽しいんだから、時が来れば、しゃべるようになりますよ」

　「えええええ？！」とすっかり余裕を失って、あたふたしてい

る私に向かって、先生は余裕たっぷりに答えてくれました。

「あの子はいつもニコニコしていますよ。ニコニコしているって、すばらしいじゃないの。明るくて楽しい、いい子だと思うわよ、私は」

自慢じゃありませんが、うちの子は日本では先生にほめられたことなど、ただの一度もなかったのです。反対に怒られてばかり。忘れ物が多い（ランドセルをまるごと忘れたこともありました）、うるさい、乱暴などで（トホホ）。それがニコニコしているというだけで、たっぷりほめてもらって私はうれしいような、うれしくないような、なかなか複雑な気持ちでした。

でも先生の「待ち」の姿勢は正しかったのです。夏休みが終わり、秋が深まると、とたんにおしゃべりな子どもになったそうです。変化は突然で、ある日「英語耳」がはえ、「英語口」が開いたとしか、いいようがありません。冬学期になると、おしゃべりが過ぎて叱られるようになったほど。

「ミコに『おしゃべりしちゃダメ』と言うのが私の夢だったけど、夢がかないすぎちゃったわ。口を閉じられないんなら、後ろへ行って、立ってなさい」と今度は先生のほうが、余裕をなくしたようでした。怒られん坊の見事な（？）復活に、私はまたまた複雑な気持ちになりました。

Chapter
12

余韻を残して、
終わりましょう

一語一語を大切に

終わりをどうする

題を決めて、できあがり

<コラム15> 名前の翻訳

On the way home, Alfie carried his blanket in one hand and a balloon and a packet of sweets in the other. His blanket had got a bit messy at the party. It had been rather in the way, too. Next time he thought he might leave it safely at home, after all.

一語一語を大切に

さて、最終ページにたどりつきました。では六川さん、お願いします。

生徒訳

　アルフィーは　かた手で　もうふをかかえ、もうかたほうの手には、パーティでもらった　ふうせんと　おかしぶくろを　いっしょ

に　もって、帰りました。
　もうふは　パーティで、ちょっと　グチャグチャに　なっちゃい
ました。いちにちじゅう　ずっとアルフィーといっしょだったもん
ね。アルフィーはこんなふうに思いました。
（こんどまたパーティに行くときには、もうふは　お家においてっ
ても　だいじょうぶだな）
　けっきょく　それが　いちばん　いいみたい。ね、アルフィー。

　六川さんの最後の終わり方は、とってもいいですね。終わりらしく、
まとまっています。終わり良ければ全て良し、ということわざは本当。
絵本は圧倒的に、ハッピーエンドが多いのですから、幸福の余韻を残し
て終わりたいものです。では最後のページなので、一文一文をじっくり
見ていきましょう。
　さて帰り道では、アルフィーはプレゼントに代わって、ふうせんとお
菓子の袋を持っています。六川さんはパーティと訳していますが、前に
もお話したように日本の子どもは「お誕生会」と言うのではありません
か？　そして、お誕生会でもらってくるものには、「おみやげ」という
便利な日本語があるので、それを使いましょう。
　messyは、日常の会話でよく使われる言葉です。身なりがちゃんとし
ていないときには、You look messy.（ひどいかっこうだ）という具合に使
います。「グチャグチャになる」と訳すとぴったりのこともありますが、
「毛布がグチャグチャになる」というと、寝相が悪くてベッドにあった
毛布がよれたりねじれたりしているみたいでしょ？　ここは「汚れてし
まった」んですね。a bitと言っていますが、実はとっても汚れています
よね。でもそれをそのままはっきりと言わずに、わざとやわらかく表現
しているのではないかと思います。ひどく汚れていても「ちょっと汚れ
ちゃったね」と、日本語でもおだやかに言うことがありますよね。
　さて問題は次のセンテンスです。in the wayは「じゃまになる」という

意味の熟語です。rather がついているので、「どっちかというと、じゃまっけだった」と言っているんですね。このふたつのセンテンスが過去完了形なのは、アルフィーが帰り道を歩いている時点（過去）よりも、さらに過去のことだからです。

　その次のアルフィーの考えたこと、"I might leave it safely at home"（＝おうちに置いておいたほうが、心配がなくていいや）をアルフィーのセリフにした六川さんの工夫は、とってもいいと思います。

　六川さんは内語を丸かっこの中に入れています。口に出された言葉はかぎかっこに入れて、心の中で思ったことは丸かっこに入れるというのは、日本語の書き方の基本です。ただ最近は、丸かっこを使わずに、<u>内語を地の文に続けて書いてしまうことが、多いのです</u>。地の文と一体になった内語は、読者をそれを語った人物と一体化させる働きがあるからで、絵本翻訳の世界ではなかなか有効なテクニックですから、ぜひ覚えてくださいね。もちろん、だれがそう思っているのか、パッとわかるような場合に限りますよ。

終わりをどうする

　さて六川さんの終わり方は、とってもいいとお話しました。After all なので「けっきょく、こんなふうに思いました」なんですが、六川さんはそれに「そうよね」という作者の語りかけを加えています。毛布が手放せなかったアルフィーが「彼の時」を得て、もう毛布はいらないや、と思ったわけですから、アルフィーは確実に、自立の階段をひとつ上がったわけです。小さい読者もそれから絵本を読んであげている大人も、「よかったね」と共感できるので、「そうよね」と語りかける文で終わったのは、とてもいいと思います。

　Chapter 2 でもお話しましたが、絵本では読者に語りかける調子があると、親しみやすさが出てきます。これもやりすぎないように気をつけな

くてはいけませんが、終わりを終わりらしくするために、六川さんは今回上手に使っていると思います。

> **灰島 訳**
>
> 　アルフィーは、かた手にもうふ、もうひとつの手に、おみやげのふうせんとおかしをかかえて、帰りました。もうふは　ずいぶんよごれてしまいました。それに、じゃまっけだったみたい。
>
> 　こんど　おたんじょうかいに行くときには、とアルフィーは思いました。
>
> 　もうふは　おうちに　おいておこうっと。
>
> 　そうよね、アルフィー。そのとおり。

　このページは、アルフィーたちの帰宅途中の場面です。前に、出かける場合は登場人物は右向きで、帰ってくるときは左向き、とお話しました。（⇨Chapter 3）ここはその通りなら、左向きになるはずです。でも、もしこの絵が左を向いていたら、何だかヘンな感じがしませんか。この絵はたしかに帰宅する途中の場面ですが、「帰っていく」ところなんですね。これがもし家族が家にいて、そこにアルフィーが「帰ってくる」のだったら、左向きになったかもしれません。ちなみに私が訳した『大森林の少年』（キャスリン・ラスキー作、ケビン・ホークス絵、あすなろ書房）では、「帰ってきた」主人公の少年は、画面の左に向かって、出迎えてくれたママの胸にとびこんでいます。でもアルフィーの場合は、家にはだれもおらず、アルフィーたちは家に帰っていくのですから、右向

大森林の少年
キャスリン・ラスキー 作　ケビン・ホークス 絵　灰島かり 訳

きのほうがよいのです。

　もうひとつ、ここはアルフィーが、もう毛布はいらない、と気づいた場面でもあります。成長の階段を一歩上ったわけですから、こちらの意味でも、ポジティブの方向を向いているべきでしょう。

題を決めて、できあがり

　さて、難しいところもたくさんありましたが、何とか終わりまでこぎつけることができました。

　では最後に、この絵本の題を決めましょう。実は本の題は、翻訳者がひとりで決めることは少ないです。どちらかというと編集者のほうが、題を決めるのに慣れていますし、最終の決定権（というのかどうか、わかりませんが）は出版社にあります。編集者は、どんな読者がターゲットなのか、この絵本はどこが売り物なのか、似た題の絵本の有り無しまで考慮して、考えます。でももちろん訳者も、自分の意見を述べていいのです。皆さん、いっしょうけんめい翻訳してきたかわいい我が子ですから、ぜひステキな名前をつけてあげましょう。

　原題は *Alfie Gives a Hand* ですから、そのまま訳せば「アルフィー、手をさしのべる」ですね。

　二岡「私はそのまま『手をさしのべたアルフィー』にしました」

　六川「『アルフィーと　ベタベタもうふ』は、どうでしょうか」

　一木「『がんばれ、アルフィー』って、かわいくないですか？　もうひとつの候補が『アルフィーのとくべつな一日』なんですが」

　三田「『アルフィーのぼうけん』では、平凡すぎますよね？」

　四谷「私も何も思い浮かばなくて『アルフィーとおたんじょうかい』にしました」

　五島「四谷さんと似ているんですが、『アルフィー、おたんじょうかいに行く』は、どうでしょうか」

　皆さん、それぞれなかなかいいですね。『がんばれ、アルフィー』とか『アルフィーのぼうけん』だと、少し一般的すぎるようです。これがシリーズとして出るのだったら、シリーズ名としたなら、ぴったりだと思います。シリーズの総合タイトルというものがあれば、それを『がんばれ、アルフィー』として、さてこの1冊は『ベタベタもうふの巻』でしょうか？　それとも『はじめての　おたんじょうかい』でしょうか？

　『とくべつな一日』は、魅力はあるのですが、もう少し内容を特定したほうがいいと思います。

　これ1冊だけで、シリーズではないとしたら、私は『はじめての　おたんじょうかい』がいいかな、と思いました。

　さてタイトルも決まったところで、来週までに、それぞれの絵本を作ってきてもらいたいと思います。皆さんがこれまで訳してきたものを、プリントアウトして（手書きの人は清書して）、それをうまく切り抜いて、絵本に貼りつけてください。貼ったりはがしたりできるタイプの接着テープがありますよね（商品名は「はってはがせるテープ」）。これでプリントアウトした紙の上の部分だけを絵本に貼っておくと、めくれば下の英文も読めます。はずしたいときには、きれいにはがせるので、便利だと思います。こうやって絵本として完成させると、絵と文の関係がよくわかります。それに、後で見たときに楽しいし、自分の翻訳で子どもたちに絵本を読んであげることもできます。

　実は、翻訳絵本を出版する現場でも、こういうものを作って、これで最終チェックをすることが多いのです。では皆さん、次回は手製の翻訳絵本を持ちよることにしましょう。

名前の翻訳

　明治時代の翻訳ものでは、人の名前は、日本の名前に変更することが多かったのです。たとえば黒岩涙香（るいこう）が訳した『噫無情（ああむじょう）』（『レ・ミゼラブル』）では、主人公のコゼットが小雪、敵役のエポニーヌが疣子（いぼこ）、アゼルマが痣子（あざこ）です。疣子と痣子にはぎょうてんしますが、敵役だということがすぐわかりますよね。小雪はかわいらしくて、コゼットにぴったり。どちらも音を似せています。なにしろ当時の日本人にとっては、西洋の名前はまったく耳慣れず、男だか女だかもわかりませんでした。だから日本語にして、わかりやすくする工夫が必要だったのです。

　今では、よその国の名前もずっと身近になったので、名前は原則的には、原文通り、そのまま使うことが多いです。ただし絵本のなかでは変更することもあります。

　たとえば『さんびきのやぎのがらがらどん』（マーシャ・ブラウン作、福音館書店）。元の英語ではやぎたちの名前はGruffです。これは「しゃがれ声の」という意味。しかしカタカナで「グラフ」としたのでは、しゃがれ声の感じもしないし、ちっとも楽しくありません。そこで訳者の瀬田貞二さんが「しゃがれ声＝ガラガラ声」から「がらがら」をとって、それに民話調の「どん」をつけ

て「がらがらどん」としたのでしょう。あまりにピッタリなネーミングで、これはもう、この呼び方以外では、この民話を考えることはできなくなりました。ここまで決まった日本語の名前になれば、お見事としか言いようがありません。

　元の名前に意味があって、その意味を翻訳したほうが、絵本がおもしろくなるという場合は、翻訳すべし、という一例です。

Chapter
13

一冊できあがるって、
本当にうれしいこと

翻訳を終えて、感想と質問

<コラム16> 翻訳絵本出版への道

生徒の作った手作り翻訳絵本です。

翻訳を終えて、感想と質問

　タイトルも決まり、それぞれの翻訳をつけた絵本ができあがりました。今回は、感想を語り合いながら、これまで聞きそびれたことなどを質問してくださいね。最初に感想をひとことずつどうぞ。

　一木「私は将来はプロの翻訳家をめざしています。これまで特に絵本好きというわけではなかったんですが、絵本なら簡単に訳せるつもりでいたんですよ。ところが、絵本というのはずいぶん難しいんですね。びっくりです。少々自信をなくしています」

　自信をなくすことは、ちっともないですよ。ただ絵本の翻訳が、大人向けの難解な本より簡単ということはないです。難しさの質が違うのね。

でも、難しい本より楽しいというなら、そのとおりだと思いますが。

　五島「一木さんがいつも元気で、いろいろおもしろい案を出してくれるので、とってもよかったですよ」

　二岡「私はこの講座は子どもを母に預けての参加でしたが、育児ストレスが解消されて、本当によかったです。息子にこの絵本を読んであげたところ、けっこう聞いてくれました。でも物語を楽しむというよりは、絵のなかのアッくん探しを楽しんでいたようですが」

　四谷「そうか。『ウォーリーを探せ』ならぬ『アルフィーを探せ』をやってるんですね」（笑）

　三田「私も絵本の楽しさに目覚めました。私はシャーリー・ヒューズって知らなかったんですが、今では大ファンです。インターネット書店で、ペーパーバックの絵本はほとんど全部購入して、そろえました。英語が得意ではないので、読むのはこれからですが……」

　四谷「私は翻訳のプロをめざしているわけではありませんが、でも前から訳したいと思っている絵本がいくつかあるんです。1冊でもいいので、出版できたらなあ、とそれが夢です。夢に一歩近づけたかな」

　五島「翻訳はとてもいい勉強になりました。翻訳だけでなく、絵本について色々知ることができて、楽しかったです」

　六川「ほんと。絵を読む、ということを学んで、大げさに言えば、世界が広がった感じです」

　皆さんが、それぞれに翻訳を楽しんでくださって、本当にうれしいです。ではここから先は、質問コーナーにしましょう。

　三田「先生はシャーリー・ヒューズがいちばんお好きな絵本作家なんですか？」

　あれ〜、最初から、難しい質問が……。モーリス・センダック、アンソニー・ブラウン、マリー・ホール・エッツ、それから日本の絵本作家も大好きな人がたくさんいるので、だれがいちばんか、答えるのは難しいです。でもいちばん好きな絵本作家のひとりであることはまちがいあ

りません。

　五島「シャーリー・ヒューズのどういうところがお好きですか？」

　人間観察が鋭く、かつそのまなざしが暖かいところかなあ。あのね、同じリアリズムの絵本作家である林明子さんの絵本の『はじめてのおつかい』

や『あさえとちいさいいもうと』と比べてみましょう。私は林明子さんも大好きですが、林さんの描く少女たちは、いたいけない感じがするのね。小さいのにいっしょうけんめいで、そこが愛くるしくて、ついかばってあげたくなります。ところがシャーリー・ヒューズが描く少年少女は、いたいけないという感じはしません。『ぼくのワンちゃん』の主人公にしろ、このアルフィーにしろ、小さいからかばってあげたいというよりは、小さいけどえらいなあ、と尊敬してしまいます。あんた、いいヤツだね、友だちにしてよ、とでも言いたい。林明子さんもシャーリー・ヒューズも、すぐれたリアリズムの絵本作家ですが、子どもを見る見方はずいぶん違っています。林さんとヒューズの違いというより、日本人と英国人の国民性の違いなのかもしれません。日本の作家は、小さいものをいとおしむということにかけては、本当に繊細な愛情を見せてくれます。それに対してシャーリー・ヒューズの場合は、小さいものの成長に敬意を払う、と言えばいいでしょうか。その敬意の払い方が、ステキだと思います。

　一木「あのう、ふんいきをこわすようですが、現実的な質問をしてもいいですか？　絵本の翻訳って、もうかりますか？」（笑）

　あはは。ふつうはあんまりもうからなくて、残念です。翻訳料は印税といって、売れた本の何パーセントかを払ってもらいます。絵本の翻訳

料は3〜5パーセント。4パーセントというところが多いと思います。た
とえばアルフィーの本を出すとして、定価が1500円の本だとします。シ
ャーリー・ヒューズは日本では人気がないですから、初版の部数はたぶ
ん少ない。3000部くらいでしょう。そうなると、1500×0.04×3000で、
つまり18万円が翻訳料ということになります。でもね、この絵本がよく
売れると、もうかりますよ。人気が出て3万部売れれば、十倍の180万円、
30万部売れれば、1800万円の収入になります。とはいえ、いきなり3万
部とか30万部売れる絵本は、めったにありません。その代わりに、いい
絵本は長く売れ続けるという長所があります。

　四谷「私の夢ですが、絵本を1冊でも翻訳出版できる可能性はあるで
しょうか?」

　プロの翻訳者でない人が、翻訳出版できる可能性は、残念ながら低い
と言わざるをえません。でもありえない、ということもないと思います
よ。もし四谷さんが人に知られていない、いい絵本を持っていて、それ
に翻訳をつけて出版社に持っていき、出版社がその本に興味を示せば、
可能性がでてきます。四谷さんが今すべきことは、翻訳の腕を磨いて、
編集者を納得させるだけの翻訳ができるようになることではないかしら。
持ち込みの仕方については、よく聞かれるのでコラム（⇨コラム16）に
してありますから、そっちを読んでくださいね。

　六川「私は元々絵が好きで、ときどき絵画展を見にいくのですが、絵
本に興味を持ったら、絵を見るのがいっそう楽しくなりました。でもふ
つうの絵画と、絵本の絵と、どう違うのでしょうか?」

　わー、難しい。私は絵を描かないので、通り一遍のことしかわかりま
せんが、でもわかる範囲でお答えしますね。

　まず絵本は印刷されることを前提に描かれます。ふつうの絵画（タブ
ローと言います）は、それ自体を鑑賞されるわけですから、そこが違い
ますよね。タブローだと、画家の筆遣いや素材がよくわかります。タブ
ローにはオーラがあるが、印刷物にはない、という人もいます。

さらに、絵はそれ1枚で完結した世界ですが、絵本は一連の絵に、ふつうは文字がついていて、物語を語ります。絵を印刷して集めた画集もありますが、画集と絵本とは違います。画集がそれぞれの絵を集めたものであるのに対し、絵本の場合は一枚一枚がつながって、物語になるわけです。それぞれの絵がそれぞれの役割を持つことになって、この違いは大きいです。そんなところかなあ。

　お話は変わるけど、最近よく絵本の原画展が開かれていますよね。機会があったら、出かけるといいです。印刷されたものとはずいぶん違っていることが多くて、原画を見ることで、よくわかることがたくさんありますよ。

　三田「灰島先生は、ローズマリー・サトクリフの作品のような児童書も訳しておいでですが、児童書の翻訳と絵本の翻訳は違いますか？　どちらがお好きですか？」

　私はいい絵本なら何でも訳したいと思うのですが、長い本の場合は、自分が本当にいいと思う作品だけを訳したいと思っています。たぶん絵本の翻訳のほうが好きなんだと思います。絵本は絵をよむという要素が加わりますが、私はそこが好きなのね。それと絵本の文章は、口に出して、くり返し読まれるので、音やリズムをいっそう意識します。分量が少ないので、一行一行にじっくり取り組むことができるということもあります。

　以上がよく言われることなんですが、私が感じる違いというのが、もうひとつあって、それは、絵本のほうが、実際の子どもに近いと感じるんです。絵本は子どもといっしょに読む機会が多いからかもしれませんね。

　一木「翻訳者になるための素質って、あるんでしょうか？」

　特に絵本の翻訳と考えると、絵本そのものに共感できて、さらに文章の善し悪しがわかることかなあ。こういう言葉って好きだな、とかこういう文章がいいなとか、言葉に反応する素質を持っている必要があるで

しょうね。文芸翻訳一般では、作家の頭の中に入りこんで共感できること。その後で読者の頭の中に入りこんで、自分の書いたものをクールに直せること。この両方ができることが必要です。

　自分のなかにインプットされていない言葉は出てこないので、本を読むことが好きで、たくさん読んでいる必要があるということは基本ですね。それから翻訳は孤独な作業なので、ひとりでいることが苦痛でないこと。それに翻訳する作品と作家を尊重できるということも大切です。これが苦手というか、もっと強烈に自分を主張したい人は、翻訳者より作家に向いています。なんだか難しい質問が続いて、疲れちゃったんですけど（笑）。何か、簡単にお答えできる質問、ありませんか？

　一木「あのう、翻訳を学ぶには、留学したほうがいいですか？」

　あ、これなら簡単。翻訳を学ぶためだけだったら、留学する必要はないんじゃないかしら。翻訳は、よく言われるけど、英語よりも日本語の問題なので。でも物語や絵本の背景を知るうえで、海外の生活を知っていると有利、ということはあると思います。

　二岡「翻訳の仕事は、子育てと両立しますか？」

　すると思います。翻訳家の小沢瑞穂さんは、子どもが学校から帰ってきたときに家に居てあげたかったので、翻訳の仕事を選んだ、とどこかに書いていました。これは大きな魅力ではないでしょうか。もちろん、甘くはないですよ。でもどんな仕事も子育てをしながらするのは大変なので、甘くないという点は同じでしょう。

　六川「先生はよく魅力のある文章と言われますが、魅力のある文章って、どういうものでしょうか？」

　では最後に力をふりしぼって、難しい質問にお答えします。どういうものが魅力ある文章かというと、これは人によって受けとり方が違います。ある人が「ふんわりしていて、ステキ」と思う文章は、別の人にとっては「甘ったるくて、イヤ」かもしれません。魅力は、客観的に計りにくいものです。実は私は、そういうあいまいなところがあるもの、私

自身がカンでやっているものを、人に教えられるかどうか、いつも心許ない思いをしています。

　私が心がけたいことは、血の通った日本語というか、息吹が感じられるものでしょうか。

　絵本の翻訳は、英語をきちんと読みとって、的確かつ美しい日本語にするというのが基本です。しかし、的確かつ美しいというだけでは不十分で、元の作品の持つ言葉の力（別の言い方をすれば、魂かな）を十分に伝えなくてはなりません。

　どうすれば、そうした言葉を編みだせるのか、簡単ではないでしょうが、まず作者に共感し、ここに書かれている世界をぜひ読者に届けたい、という気持ちを持つことが大切なのだと思います。

　そして力のある言葉、力のある文章は、書き手の身体をはずませる、ということを意識してください。書き手の身体のはずみが、やがて読み手の身体を共振させるのではないでしょうか。そのためのキーワードは「リズム」です。音楽の言葉にたとえると、リズム（身体をはずませるかどうか）、メロディ（言いたいことが伝わってくるか）、そしてハーモニー（前後の文章とのバランス）、この3つが魅力の要素、ということで説明になりますか？

　なんだかややこしい話になってしまいましたね。

　まずは折りにふれて言葉や文章を意識し、快い言葉、快い文章に敏感に反応することから始めてください。

　今回の翻訳教室では、それぞれの方がそれぞれの言葉で仕上げてくれたので、とてもうれしいです。皆さん、ありがとうございました。またどこかでお会いしましょう。

翻訳絵本出版への道

まずはスキルアップ

あなたが、これはぜひ翻訳したいという絵本を持っていたとしたら、どうしたら出版できるでしょう。実際に出版社は、経験のない翻訳者の翻訳を受けいれてくれるものでしょうか。

知り合いの編集者に協力してもらって、これなら可能性がある、という方法を探ってみました。ただし、ひとつ前提となることがあります。あなたの翻訳が充分出版に耐えられるものであるということ。これをクリアするのはなかなか大変ですよ。勉強を続けて、翻訳スキルを磨くということが、まずは肝心要です。残念ながら「絵本の翻訳者募集」という求人が、新聞に載るということはありません。そんなことをしなくても、出版社にはつきあいのある翻訳者が何人もいるからです。あなたはチャンスに恵まれているわけではありませんが、それはわかっていること。チャンスが少ないということは、チャンスがまったく無いということではありませんから、ここはポジティブにとらえましょう。幸いなことに絵本の翻訳コンクールもいくつかあるので（インターネット等で調べてみてくださいね）、そういうコンクールにチャレンジするのもひとつの手です。

絵本の持ちこみ

出版社は、新しい翻訳者は探していないかもしれませんが、新しい出版物ならいつも探しているものです。ですからもしあなたが、人が知らないすばらしい絵本を持っていれば、それに翻訳をつけて見てもらうことができます。これを「持ちこみ」と言っていますが、あなたの翻訳が出版できるひとつの方法です。

その前に注意

　絵本の持ちこみは、持ちこまれる編集者の側からするとなかなかやっかいなものです。その理由は、すでに出版されている絵本を持ちこまれることが多いから、とのこと（私も勇んで持っていったら、とっくに出版されていたという経験ありです、トホホ）。あるときなど、これはアメリカで人気だから日本でも売れるでしょう、と持ってこられたのが、『かいじゅうたちのいるところ』だったそう！　出版社では出版のプロが鵜の目鷹の目で、いい絵本はないかと探しています。あなたがいいと思った絵本は、すでに出版されている可能性が大きいことを知っていなくてはなりません。特に賞を取ったものや、最新のものは難しいのです。本屋に並ぶ前の段階で、版元との版権交渉がすでに終わっていて翻訳の作業中となっているものが多いからです。あなたのねらい目は、出版社が見落としている、少し古い作品で、でもちっとも古びていないものだと思います。

調査その1

　出版社に持っていく前に、その本が出版されていないかどうか、よくよく調べないことには、自分の時間も編集者の時間も無駄にすることになります。

　出版されている本は、『日本書籍総目録』（図書館にあります）を調べればわかります。といってもたとえば *Thumper, the Rabbit* という絵本があったとして、これを『うさぎのサンパー』と調べてもだめですよ。その絵本は『ピョコタンなんか、きらいだよ』というタイトルで出ているかもしれないからです。作

者名で調べて、これかもしれないと思えるものがあったら、かたはしから実際に手に取ってみるしかありません。

　ところで書籍総目録は、その年に出たものはまだ掲載されていません。新しいものなら、インターネット書店をチェックしてみるのもひとつの手です。やっかいなのは、以前に出版され、そのまま品切れとなっている本です。絶版もしくは品切れになっている本を調べるのには、大きな図書館の蔵書検索サービスに当たるのがいいでしょう。これでも完全ではありませんが、ここまで手間をかければ、一応安心です。

調査その2

　こうしてあなたの絵本が、まだどこからも出版されていないことがわかりました（ドキドキ）。きちんとした翻訳もつけました（ゼイゼイ）。次に問題なのは、どの出版社に持っていくかです。手当たり次第に持っていくのは考え物。どの出版社も傾向があるので、あなたの絵本を出版してくれそうなところを見定めたいものです。大きな書店で、出版社別に絵本を置いてあるところがあれば、そこをチェックしてみましょう。どこの出版社もカタログを出していますから、それを取り寄せてみるのもいいですね。

手紙を出す

　調べがついたところからが、いよいよ本番です。手紙といっしょに、翻訳をつけた絵本を出版社に送りましょう。その宛先ですが、ただ「編集部御中」とするのでは、だれが見てくれるか、いささか心許ないです。でも編集者に知り合いなどいない？

そうでしょうか？　これまでにあなたが感動した絵本というのはないですか？　もしあれば、たとえば、「○○出版社編集部、『ピョコタンなんか　きらいだよ』ご担当者さま」に宛てる手がありますよ。こうすることの利点がひとつ。その編集者とあなたは共通の話題があります。『ピョコタンなんか　きらいだよ』を作った人と読んだ人なのですから、この絵本の話ができるではありませんか。

　手紙はあまり長い必要はありません。簡潔で、具体的な手紙がいいと思います。まずは『ピョコタンなんか　きらいだよ』のどこにひかれたのか。子どもと読んだのなら、子どもがどう反応したかを具体的に書きましょう（そういうことを編集者は知りたがっています）。そしてそんなステキな絵本を作った編集者に、自分の好きな絵本を見てほしくて手紙を書いていると、話を結びつけます。自分の翻訳をつけた絵本を、この絵本のどこがいいと思うか、真情をこめて簡潔に書きましょう（これを読むと、あなたの感性がある程度わかります）。

　最後に時間をとって読んでくれたことへのお礼の言葉を伝えてペンを置いてください。後はポストに投函して、待つだけです。あなたがすぐに返事が聞きたければ、「この手紙がついたころ、お電話させていただきます」と書いておいて、電話をしてみることもいいかもしれません。手が空いていれば、電話で答えてくれるでしょう。

最後の注意

　そうそう、あなたの大事な絵本ですが、これを返却してほし

かったら、返却用の切手をはった封筒を同封するのを忘れない
でくださいね。

　ところが困ったことに、こうしておいても、なかなか返却さ
れないことがあるのです。その理由は、編集者の人がむしろ好
意を持ったためのことが多いです。もしこれはダメだと即断す
れば、すぐに返却されるでしょう。ところがそうでなく、後で
もう一度見てみようとか、後でほかの人（上司？）の意見も聞
いてみよう、と思った場合、その絵本をどこかに置いて、その
まま忘れてしまうということが往々にして起こります。催促し
て返してもらえればいいのですが、たまには肝心の本がなくな
ってしまうこともある、とわかっていたほうがいいようです（こ
れも私自身、経験あり）。これで怒り心頭に発してしまう人は、
持ちこみは止めておいたほうが無難ですよ。もちろん悔しいこ
とですが、そんな出版社に未来はないと、さっさとあきらめた
ほうがよさそうです。

断られた場合

　これほどがんばったのに断られた場合は、あの『ピーターラ
ビット』のことを、思い出してください。ビアトリクス・ポタ
ーは『ピーターラビットのおはなし』を7つの出版社に持ちこ
んだのです。ところが「こんなたわいない絵本は出版に価しない」
とどこからも手ひどく断られてしまいました。仕方なく預金を
はたいて、自費出版したところ、これが認められて、ついに出
版社から出してもらえることになりました。『ピーターラビット
のおはなし』は出版されたとたんにベストセラーとなって、百

年たった今でも売れ続けています。

　ね、プロの編集者の目も当てにはならないことがあるという実例です。元気を出して、また新しい絵本を探しましょう。幸運をお祈りします。

あとがき

　カルチャーセンターの絵本翻訳講座、そして大学やオープンカレッジで絵本の翻訳について話したことを元に、この本ができあがりました。

　この本に登場する一木さんから六川さんまで、6人の生徒の翻訳は、私が実際に出会った受講生の皆さんの翻訳から、少しずつ特徴をお借りしています。さまざまな材料を提供してくださった皆さん、ありがとうございました。

　実際の受講生の皆さんは本に書いた以上に熱心で、教室はいつも活気がありました。絵本の翻訳は取りかかりやすく、また深みがあるため、大人になってから学ぶのに向いているのだと思います。教室からはプロの翻訳者や研究者の卵が育っていきました。またさまざまな形で、絵本との関わりを深めた人がたくさんいます。さあ、次はあなたの番ですよ。

　本を作るにあたっては、私自身は感覚に頼って訳す部分が多いため、言葉できちんと説明できるかどうかが不安でした。だいいちまだまだ勉強途中の身なのに、とこれは今でも不安です。私自身が学んでいる途中ですが、そのためにかえってこれから学ぶ皆さんの気持ちがわかるのでは、と無理矢理、自分を納得させています。

　本ができあがったのは、研究社の髙橋麻古さんのおかげです。麻古さんのセンスと情熱にリードしてもらったことは、これ以上ないほど幸運でした。心から感謝しています。

　この本が、絵本の翻訳をしたい人、絵本についてもっと知りたい人に、少しでも役に立ってくれますよう、願っています。

著　者

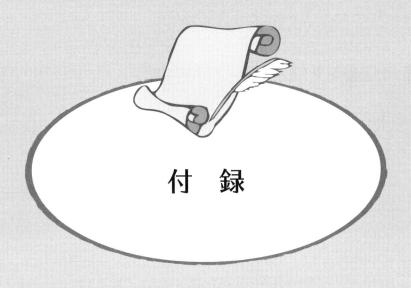

付　録

絵本はステキ！

『げんきなマドレーヌ』

『おやすみなさいのほん』

『三びきのやぎのがらがらどん』

翻訳に「正解」はないのです

＊＊＊＊＊

翻訳家としての灰島かり　　鈴木　晶

絵本はステキ！

『げんきなマドレーヌ』

ステキの正体を探して

　絵本はほんとにステキです。だってね、絵があって、お話があって（ないのもある？）、子どもと大人がいっしょに楽しめるんですもん。雨でも嵐でも、5分しか時間がないときも、ひま～で困るっていうときも、落ちこんでいてサイアクの気分でも、すぐに手にとって、しばし別の世界に行くことができる！

　もっとも「ちっともステキじゃない」絵本も、たくさんありますけどね。ここはひとつ、ステキな絵本をじっくりながめて、その「ステキ！」の正体を探ってみたいと思います。初登場の今月は『げんきなマドレーヌ』から、元気よくいきましょう。

ステキその1．　オードブル

　パリの小さな寄宿学校にいる、元気な女の子マドレーヌが主人公です。（キャラクター商品も人気ですよね、知ってる？）

　文章は「パリの、つたのからんだ　ある　ふるい　やしきに」と始まります。「わー、なにが起こるんだろ？」と期待させてくれる、うまいスタートです。この文章はさりげないですが、口に出して読んでみると、口の中が気持ちいいですよ（ぜひ、やってみて！）。文章をよく見ると、ラ行の音が「りらるる」と重なっていて、これが舌を明るくはずませてくれています。うーん、ここからもう、偉大な翻訳家瀬田貞二さんらしい風格がただよい始めています。元の英文もライム（韻文）で、とっても楽しいのですが、瀬田訳も「口に気持ちよい」ところは、原文に引けをとりません。ほんとにさりげなくて、でも馥郁とした香気の漂う日本語で、翻訳者のはし

くれの私は「お師匠さまぁぁぁ」と文章の裾にすがりついて泣きたいほど
です（って、どうやるんだろ）。おいしい文章ですから、口に入れて、じゃ
なかった口に出して、あじわってくださいね。

ステキその２. メインコース

　ステキがぎゅう詰めの絵本なので、もたもたしてはいられません。スー
プもサラダもすっとばして、メインコースに進みましょう。最大のステキ
は、何と言っても、マドレーヌとクラベル先生というふたりのキャラクター
にあります。

　マドレーヌはネズミもトラも「へいっちゃら」（瀬田貞二さんの翻訳よ
り）で、人生を勇敢につきすすんでいる、という感じの子どもです。この
子の魅力を一口で言えば「なんにもこわくない＝へいっちゃらな」ところ
でしょう。私はひどくこわがりの子どもでしたし、今ではこわがりの大人
（隠してますが）なので、マドレーヌの勇敢さが、とりわけまぶしい！　こ
の絵本を見ていると、人生勇敢に、愉快に生きなくちゃ、という気になっ
てきます。

　さて、一方のクラベル先生は「なにごとにもおどろかないひと」です。
いいなあ。どーんと構えて、子どもたちを見守っているって、子育てのあ
るべき姿ですよね。でも「見守る」って、言うのは簡単だけれど、実行す
るのは難しいなあ。子どもたちは、とってもあぶなっかしいんだもの。そ
ういえばクラベル先生は、大事が起これば睡眠中でも目がさめるほど、神
経が行き届いているんです。細やかによく見ているからこそ、どーんと構
えていられるのかもしれませんね。ちなみに私はびくびくしているので口
うるさくて、そのくせ大事なときには寝ている母親でしたけど（反省。で
も大丈夫、子どもは育つもんです）。「こわくない」マドレーヌと「おどろ
かない」クラベル先生、このステキなコンビに、私はいつも新鮮におどろ
かされています。

ステキその3. ソース

　そんなパワフルなマドレーヌですが、実は、どの子なのか、よくわからないんですよ。「これがマドレーヌ」とはっきり紹介されるのは、なんと12枚目の絵。主役とは思えない、おそい登場です。そのうえページをめくると髪型が変わっていて、ありゃ、これってマドレーヌ？　と疑問がわきます。ベーメルマンスが描くのは点目と一本線の口ですから、みんな似てるといえば似てるんですが、それにしても……。でも考えているうちに、ああ、これでいいんだなと納得してしまいました。つまりマドレーヌって、はっきりとしたキャラクターだけれど、でもこの年頃の女の子はみんな、マドレーヌなのかもしれません。マドレーヌの元気さは、同じ年頃の少女たちみんなの元気さそのものなのでしょう。どの子もみんな（わたしも）マドレーヌ？　という感覚は、まるでおいしいソースのように、絵本に深みのある味わいをかもしだしています。

ステキその4. デザート

　さて、いちばん楽しみなデザートは、ベーメルマンスの絵の魅力かな。タッタカターと気安く描いたような、くつろいだ感じの線が、なんともステキです。気安く見えますが、実は葉っぱ一枚見ても、表情に富んでいてかわゆいので、よーく見てね。絵のなかに、けっこうまちがいがあるので、まちがい探しのオマケも楽しめます（なんて言ったら、作家に悪いかな。でも言っちまえ。ヒントをひとつ、女の子の人数です）。

　全体にものすごくおしゃれな感じの絵本ですが、実は1939年の出版で、ワオ古い！　黄色一色に黒い線で描かれたページが多いのは、カラー印刷が高価だった時代を物語っているんです。ところが今の豪華でカラフルな絵本のあいだに置くと、かえって新鮮で、おしゃれな印象をもりあげてくれています。

　うーん、まだまだ「テーブルクロス」や「ワイン」のステキもあるんですが、それはまた別の機会に。この絵本の「生きの良さ」に改めて、拍手！

🍎『おやすみなさいのほん』

眠くて眠くない絵本

　絵本はほんとにステキです。だってね、絵があって、お話があって（ないのもある？）、子どもと大人がいっしょに楽しめるんですもん。今月は『おやすみなさいのほん』。おふとんの中で、子どもといっしょに読むのにぴったりの絵本です。私は娘に読んであげるたびに、満ち足りた気持ちになって、すやすやと寝入っていました。もっともうちの娘は寝つきの悪い子でしたから、絵本くらいでは、眠らない！　それでも母親をぐっすり寝かしつけると、満足して（？）眠っていたようです。

　ところが、今この絵本を手にとると、私は眠くなるどころか、パッキーンと目が覚めます。なぜなら、マーガレット・ワイズ・ブラウンの文章、石井桃子さんの翻訳、ジャン・シャローの絵、そして美しい文字のレイアウトと、すべての要素が結びついて、強靭な世界を創り上げていることに、びっくりするからです。本当に目が覚めるような、見事な絵本です。

ことばのステキ

　「よるに　なります。なにもかも　みな　ねむります」という文章から始まって、ページをめくるごとに「ことり」「さかな」「ひつじ」とねむたいものたちが登場してきて、最後に人間の子どもが眠りにつきます。それぞれのページのしめくくりは、ことりのときは「ねむたい　ことりたち」、さかななら「ねむたい　さかなたち」、その後「ねむたい　ひつじたち」「ねむたい　もりの　けものたち」というふうに、名詞で止めた文章が続きます。これらの体言止めの文章は、眠たいものたちを包みこむようにやさしく、しかしすっきりと潔いところがあって、あー、ステキだなあとゾクゾクします。

　文章を書いたマーガレット・ワイズ・ブラウンは『おやすみなさい　おつきさま』や『たいせつなこと』など100冊以上の絵本を作った、すぐれた作家です。カリスマ編集者でもあったのですが、1952年に、42歳の若

さで、亡くなりました。彼女の絵本は、今でも読まれ続けていますが、それだけではありません。死後50年以上たっているというのに、現代の画家が新しい絵をつけて、新刊の絵本が生まれています。深い味わいのあるやさしい文章は、新鮮さを失うことがないようです。

翻訳のステキ　ABC

　体言止めの文章ですが、ブラウンの書いた英語は「sleepy birds」「sleepy fish」です。だから翻訳は、英文そのままです。でも英語をそのまま「ねむたい　ことりたち」「ねむたい　さかなたち」と訳すのは、実は簡単なことじゃないんですよ。ブラウンの詩情を汲みたいと思うと、ついつい何か工夫したくなるのが翻訳者というものです。うーん、たとえば「ねむい　ねむい　ことりたち」「ねむい　ねむい　さかなたち」と、言葉を重ねてはどうかな、とか。でもこの絵本の場合は、ダメです（ということを、私は石井桃子さんの翻訳から学びました）。どこか甘くなって、ブラウンの潔さが生きてきません。ここを英文通りにすっぱりと訳したのは、石井桃子さんがこの絵本の本質を掌握しているからで、今さらながら、大先輩の見事な翻訳です（私が翻訳者なんで、つい興奮してしまいました）。

祈ることのステキ

　ジャン・シャローの絵もとてもいいのですが、その話をとばして、最後の見開きに行きますね。「ねむたい　こどもたち」に続いて「かみさま　あなたの　けものや　うたう　ことりたちに　しあわせを　めぐみ、ものいえぬ　ちいさなものたちを　おまもりください」と、文章が終わります。実は知り合いの若いお母さんに「宗教の本だから、うちには合いません」と言われて、驚いたことがあるんです。

　確かにこのページの絵は、羽のある天使が大きな布に子どもたちやとりやさかなを包んでいます。もちろん宗教を持っている人はそのまま受け止めることと思いますが、いっぽうで天使に違和感を持つ人もいるかもしれませんね。とはいえ「おまもりください」という絵本の祈りは、私のよう

に特別な宗教を持っていない人間でも、共にすることができるように思うのです。

　だって祈らない人がいるでしょうか？　私はまことにまぬけな母親だったので、私の子育ては、お祈りの連続でした。子どもが高熱を出せば「一生のお願いです、治してください」と、神さまや仏さまやお地蔵さま、ご先祖さまと相手かまわず（ごめんなさい）祈りました。子どもが迷子になったときも、入試のときも、必死で祈りました。「困ったときの神頼み」ということにずうずうしい祈りでしたが、でも底にある気持ちは真摯だったのです。

　そうやってずうずうしい祈りをくり返しているうちに、私が学んだことがあります。それは、子育ては自分だけではできないということ。神さまと言わなくても、大自然の神秘の力を借りなくては、とうてい無理だということです。それがわかって、大きなものに自分をゆだねることを知るようになってから、私の子育てはずいぶんラクになりました。考えてみれば、子どもが生まれるということも、その子が育っていくということも、神秘そのものです。

　シャローの描いた天使を、人間を越えた大きなものの象徴ととってはいけませんか？　大きなものに守られていると思うと、ほら、あなたも子どもたちも、とりやさかなを仲間にして、健やかな眠りを眠れるのではないかしら。うちの子が大きくなって、私はどうやらこのことを忘れていたみたいです。最近不眠症なのですが、この絵本をじっくり見たおかげで、今晩はゆっくりと眠れそうです！

🍒 『三びきのやぎのがらがらどん』

絵本を遊ぶ

　傑作の誉れ高い『三びきのやぎのがらがらどん』です。絵も文章もほんとうに格調高いのだけれど、それより何より、私にとってはスーパーパワフルな子育て応援絵本でした。だって「がらがらどん」と唱えさえすれば、部屋でも公園でも海でも、すごく楽しく遊べたんだもの。先日、絵本好きの若いお母さんに「えーっ、どうやって遊ぶんですかぁ？」と聞かれたので、お答えしますが、絵本のまねをするんですよ、もちろん！

　うちのケース（女の子ひとりの核家族）で説明すると、娘が順番に小中大と３びきのヤギのがらがらどんになって、私はトロルになって、ようするに、とっくみあいのレスリングをするんです。ソファとかテーブルを橋にして、がらがらどんが橋を渡ってくるでしょ。トロルの私が「ひとのみにしてやろう」と娘をおそって、たいていほっぺとか、腕とかをちょっとかじる（かじるところは、絵本にはないけど）。娘はキャアキャア喜んで「たべないでくださ〜い」と逃げます。３回目に娘は大きいヤギのがらがらどんになって、私は「でんがくざし」にされ（化学ぞうきん付きのモップが登場。長いのは危ないから気をつけてね）、ひづめで踏みくだかれて（クッションをひづめにする）、こてんぱんにされるんです。もう娘はうれしくてうれしくて、目がいっちゃってました（あれは絶対母親を打ち負かす喜びだったんですよ）。

　父親がいれば、当然父親がトロルです。たまには私が大きいヤギのがらがらどんをやらせてもらえることもあって、トロルの夫をクッション・パンチするのは、ククク、けっこう楽しかったです。すご〜く他愛ないんですけど、でもあれほどおもしろくて、何回やってもあきなかったのは、この絵本の魅力がベースになっていたからだと思います。

大きくなるという驚異

　お話は北欧の民話ですが、初めて読んだときは、なんて単純なんだろう

と驚きました。魔法アイテムや呪文のようなファンタスティックなものは何もなくて、小さいヤギと中くらいのヤギは、ただただ逃げる。大きいヤギは、ただただ大きくて強いから勝つ。でも子どもたちは、この単純さが好きなのね。

　1回目と2回目、ヤギは、今はまだ「そのとき」ではないと知っているんです。だから逃げて、次のヤギの登場を待つわけ。昔話のお約束どおりに3回目に、大きなヤギが登場すると、あっぱれ見事に勝利する。時が満ちて「そのとき」を迎えたからです。小中大と3びきのヤギが登場するけれど、これは実はひとりの子どもが成長していく過程と考えると、とてもわかりやすいです。待って、待って、大きくなれば勝つ！　そう「大きくなる」って実は、魔法の呪文どころではない、すばらしい驚異だものね。子どもたちはこの物語から「大きくなるという驚異」を鋭く嗅ぎとるんだと思ったときに、たくさんの子どもたちがこの絵本（と絵本ごっこ）に夢中になるわけが、胸にすとんと落ちたのでした。

　マーシャ・ブラウンはトロルを、山や谷（＝自然）に溶けこむように描いています。ヤギを育てるのも「まわりの自然」だし、ヤギを殺そうとするのも「まわりの自然」。トロルは、自然の恐怖なんですね。

　それから私は、ヤギたちのところどころ斜め目線の目つきがすごく好き。ふだんヤギはおとなしくて従順な動物だと思われていますが、この絵本では違います。目つきが「ふん、どってことないさ」としれっと、ふてぶてしくて、まったく子どもそっくりです。

翻訳のステキ

　もうひとつのステキは、瀬田貞二さんの翻訳の力です（私は翻訳者ですので、この絵本を読むたびに、背筋に緊張が走るんです）。だってだって「がらがらどん」って、元の英語の名前はGruff（「しわがれ声」という意味）ですよ。日本の怪獣たちは「ギドラ」とか「ガメラ」とか、濁音と、ラ行の音を名前に持っていることが多いのです。これが強くて迫力のある音なのね。「がらがらどん」も濁音とラ行を持っていて、強そうです。でも

「が」も「ら」もア段の音なので明るいし、「田吾作どん」とか「イグアノドン」に共通する「どん」が終わりについていて、口にする喜びは超一流です。

　海で「がらがらど〜ん」と言うと、波がくだける音にも聞こえるし、山で言うと落石や雷鳴のようにも聞こえる。この名前の力強さ、楽しさに、瀬田さんの日本語のエッセンスを見る思いがします。また「でんがくざし」という、ふだん使わない言葉も、言葉の勢いを巧みに使っているので、子どもたちはちっともつまずきません。

　ところで今年の4月、桜が満開のころ、石井桃子さんが亡くなられました。石井さんの仕事の大きさ豊かさについては、語りきれるものではありませんが、瀬田さんと石井さんという子どもの本の翻訳の大師匠の仕事について、その翻訳の違いを、少しだけ書かせてくださいね。瀬田さんは「がらがらどん」に代表されるような、すばらしい名人芸を残してくれました。瀬田さんの翻訳については「ほらほら、見て。すごいでしょ！」と説明するところがたくさんあります。ところが石井さんの翻訳は、説明や解説がとっても難しいのです。原作とあまりに一体化しているために、どこがどう、と指摘しにくい。でも石井さん以外には生みだせない、美しくて強い日本語なのです。この説明できないほど原作と一体化するところが、石井さんのすごさなのだと深く頭をたれる思いがします。

翻訳に「正解」はないのです ────────────

そうそう、でもでも

　後藤竜二さんと、それを受けた古田足日さんの寄稿[注]を拝読して「そうそう。でもでも」と思いました。実際に翻訳に携わる人間はいったい何を考えているのか、説明が求められているようです。機会をいただいたので、困惑しつつ苦しみつつ、私見をご報告します（ただし『おかあさん、げんきですか』の韓国語訳についてではなく、一般論です）。

　まずお二人の作家と共通しているのは、翻訳が原作を良く理解して、出来うる限り原作を尊重したものであってほしいと願っているところです。違っているところは、そうはいっても、名前を（無断で）変えることもあるし、タイトルを（無断で）変えることもあるよなあ、と思うところです。

音と意味と文化背景

　まず名前の問題から。たとえば日本語で書かれた現代の子どもの本に、こういう書き出しの文章があったとします。「ぼくの母親は、なにを考えたのか、ぼくに『夢の介』という名前をつけた。ここからぼくの悪夢のような人生が始まったんだ」

　「夢の介」という名前から、ストーリーが転がっていきます（ということにしてください）。この本を英語に翻訳するときに、名前を「Yumenosuke」とすれば、誠実な訳でしょうか？　もちろんこれでは、話が通じませんよね。では注をつける？　注をつければ、説明や解説ができるので、実際に翻訳する場合は、注に頼ることが多いです。とはいえ注は煩雑だし、読者の注意をそらしてしまうこともあって、できれば避けたいものでもあります。英訳者は「夢＝dream」の意味の入った古めかしい男子名を探して、置きかえようとするかもしれません。それがあれば万々歳。けれどもそんなに都合よく、事は運ばない……。

　ここから翻訳者の苦闘が始まって、ああでもない、こうでもない……。

その結果、この本の翻訳出版をあきらめる、ということもあれば、音も意味も違うけれどぴったりの名前を思いついて、快訳ができることもあるんです。

名前ひとつにも、音と意味と文化的な背景、そしてそれが果たす役割があります。翻訳は、そのうちのひとつの面だけにスポットを当てるしかないために、他を活かすために音を捨てることもあるのです。

同じ音でも違う音

もちろんふつうは捨てません。とくにその名前が日本から遠い文化の場合（例えばアフリカのキクユ族の名前で、ギゲ・カイルングとか、ベラルーシの名前でナジェジダ・グロートフとか）、聞き慣れない名前は、異文化の音に触れる絶好のチャンスです。これを捨てるなんて、もったいない！　古田さんがおっしゃるように、名前は異文化の重要な要素です。

実際のところ、現代の日本語での翻訳の場合は、名前をむやみに変えてはいけないということは常識になっていると思います。とはいえすでに日本に受け入れられている文化（つまり翻訳の多い西洋の作品）の場合は、その限りではありません。

絶好の例が「がらがらどん」です。この話は別のところにも書いたのですが、でもわかりやすいので、採録しますね。『三びきのやぎのがらがらどん』（瀬田貞二訳、福音館書店）は、英語の題は *Three Billy Goats Gruff* です。ヤギの名前の「Gruff」（荒荒しい、とかドラ声の、とかの意味）は、発音が〔grʌ́f〕。強い子音が3つで、母音はとても軽い「ʌ」ひとつなので、口に出すと、ガシッとドスの効いた音です。ところが、これをカタカナにした「グラフ」の発音は〔gurahu〕。日本語の子音は英語ほど強くないうえに、母音が「u」「a」「u」と3つも入るために、全体にゆったりと、まのびした音になります。

英語の音そのもののはずの「グラフ」が、元の音の特徴を裏切っていて、瀬田貞二さんが変更した「がらがらどん」（おそらく「がらがら声」＋昔話の「どん」）が、元の音の魅力を見事に継承している例です。原本はアメリ

カでとっくの昔に絶版になっていますが、日本版が永遠のベストセラーであるのは、「がらがらどん」という名前の魅力も大きいと思います。

タイトルの変更

　タイトルの変更となると、もっと気軽に行われています。タイトルには著作権がないために（同一性保持権はあります）、慣行でそうされてきたのだと思います。タイトルのつけ方には、国による習慣や趣味の違いがあるために、その国の読者の好みに合わせざるをえないというところもあります。ちょっと考えただけでも、村岡花子訳の『赤毛のアン』（原題は *Anne of Green Gables* ― 緑の破風屋根の家のアン）や澁澤龍彦訳の『悪徳の栄え』（原題は *Justine* ― ジュスティーヌ）など、傑作がいくつも思い浮かびます。傑作タイトルの特徴は、原作を見事に言い表しているということで、もちろんこれが肝心です！

　さて、自分の例もあげなくてはいけませんね。私が訳した本のタイトルで、原題と非常に違っているものがあります。ジョーン・バウアー作『靴を売るシンデレラ』（小学館）です。原題は *Rules of the Road* で、この言葉は本文中に何回か出てくるのですが、だいたいは「交通ルール」と訳しました。それが「人生のルール」を思わせて含蓄があるし、頭韻も踏んでいて良いタイトルです。しかし日本語のタイトルをそのまま『交通ルール』とすると、交通教本のようだし、魅力がありません。何よりも、この本を読んでくれる読者に届きにくいと思いました。

　主人公がピアノやバレエやスポーツでなく、セールスの才能がある点が新鮮なので、どこかにそれを入れたかったこと。また古いシンデレラ・ストーリーを否定しながら、現代化しているところもあるために、自然に『靴を売るシンデレラ』というタイトルを思いつき、提案しました。原題から大きく離れるうえ、内容に踏み込んでいるので、賛否あると思いましたが、編集者が大賛成してくれたこともあり、これに決定したのです。ほれこんで夢中になって訳した本への、私からの最大のオマージュなのですが、良くないと言う人もいるでしょう。おもしろい本なので、よかったらお読み

いただき、ついでにタイトルがしっくりしているかどうか、ご批判ください。

コラボレーションのお願い

　タイトル変更にあたって、作者の了解をとったかというと、とりませんでした。そういう習慣がないからです。作者には本が出来上がってから、アメリカで会う機会があったので、そのときタイトルを大幅に変更した旨を伝えました（不愉快かもしれないと思ったので、おそるおそる）。ジョーン・バウアーは、いっしゅん絶句しました。それから「そのタイトルは、英語ではとっても奇妙に聞こえるわよ。でも日本では、ヘンじゃないのよね？　私にはわからないけど、そちらの文化に合わせて変身したのは、おもしろいと思う」と感想を言ってくれました。今回はたまたま受け入れてもらいましたが、これはあくまで変則球であって、いい気になってはいけない、と自戒しています。とはいえ翻訳者の裁量というものでもある、と思っています。

　説明して了解を取る、ということをすればいいこともあります。しかし習慣や読者の好み、など原作者にわからないことも多々あります。実は翻訳には「正解」というものは無くて、あくまで近似値しかありません。「変えるのなら、訳すな」という作家の方もいるかと思い、それは仕方がありません。でも作者にとっても、翻訳は異文化との出会いではありませんか？異文化を受け入れて、翻訳者の身体を通じて作品が変容することを楽しんでもらえたら、ステキなコラボレーションが成り立ちます。そのためにも翻訳者はいっそう誠実な読者となるよう、自分の言語能力と感性を磨かなくてはなりませんね。

編集部注：この「寄稿」とは、『日本児童文学』57巻5号（2011.10）に再録された、翻訳倫理をめぐる後藤竜二氏と古田足日氏の記事のこと。前者は、韓国で翻訳された自身の絵本のタイトルが原作とはかけ離れたものになっていたことと、絵本に登場する子どもの固有名詞がすべて韓国名になっていることに、「翻訳倫理は？」と疑問を呈している。一方、後者は、この件は「倫理」というよりも、著作権の理解・尊重についての問題であり、異文化の受容・伝達のあり方とも関わっていると論じている。

翻訳家としての灰島かり

鈴木　晶

　灰島かり（以下、妻と書かせて頂く）と私の結婚は「翻訳」がきっかけだった。1981 年の夏、中学時代からの友人から連絡があった。「知り合いの女性が、編集の仕事をやめて翻訳の仕事がしたいと言っている。だが翻訳業界のことを知らないから、誰か翻訳家から話を聞きたいと言うので、おまえのことを話した。近々、3 人で会おう」というのが用件だった。当時、私は翻訳書を 2 冊出版しただけだったから、まだ翻訳家を名乗るような身分ではなかったが、その先もずっと翻訳の仕事をしていくつもりだったから、「翻訳家」として会うことにした。3 人が落ち合ったのは新宿ゴールデン街にあった（たぶん今でもある）バーだった。何を話したのか、まったく覚えていないが、私は 3 回目のデートで結婚を申込み、半年後に式を挙げた。紹介してくれた友人からは、「仕事を紹介するはずが、永久就職口を紹介しちまった」と言われた。

　結婚当初は、私はまだ生活できるほど翻訳の収入がなかったので、妻がコピーライターとして広告会社につとめて、生活費の大半を負担してくれたが、数年後、私は幸運にも大学に就職することができ、安定した収入が得られるようになったので、妻は私に「これからはあなたが稼いでね。私は好きなことをします」と宣言し、仕事をやめて、昔からの夢、すなわち自分の大好きな児童文学の研究を本格的に始めた。彼女の卒業論文のテーマはイギリスのファンタジー作家、アラン・ガーナーだった。ところで、私を世に出してくれたのは、雑誌『詩とメルヘン』やサンリオＳＦ文庫を創刊した伝説の編集者Ｓさんである。彼は私のことをすごく買ってくれて、次々に翻訳の仕事をくれた（最初にもらった仕事であるマドレーヌ・シャプサルの『嫉妬』が私の翻訳家デビュー作である）。あるとき、『ポセイドン・アドヴェンチャー』や『マチルダ』で有名なポール・ギャリコの *The Silent Miaow* という本を渡された。これはその数年前にＳさんが故今江祥智さんに翻訳を依頼したのだったが、今江さんは売れっ子の作家だったか

ら超多忙で、数年間手つかずだったので、Ｓさんが引き上げてきたのだった。それを私が頼まれたわけだが、私自身も何冊も翻訳を抱えていて、なかなか取りかかれないでいるうちに、サンリオが出版から撤退し、Ｓさんも会社をやめてしまった。

　しかし、ぜひとも翻訳されるべき面白い本なので、私は筑摩書房の編集部にいた友人に頼んで、同社から出版してもらうことにした。同時に、私自身は当分できそうにないので、妻にバトンタッチした。妻は快く引き受けてくれたものの、結婚する前に下訳の経験はあったとはいえ、ひとりで一冊まるごと翻訳するのは初めてなので、なかなかすすまず、その間に担当編集者が何人も変わった。なんとか出版に漕ぎ着けたのは1995年のことだった。たぶん３年くらいかかったのだと思う。妻と交代して良かったと、つくづく思う。私が言うのも気が引けるが、良い翻訳である。『猫語の教科書』という邦題で、うれしいことに、25年以上経った今も売れ続けている。

　以上のようないきさつがあったので、妻の翻訳書第１号は彼女自身が発見した本ではなかったが、その後、次々に翻訳の仕事が舞い込んできたわけでもなかったので、「自分の訳したい本を自分で探す」という作業が彼女のいわばライフワークみたいなものになった。

　本書のColumn 16「翻訳絵本出版への道」には、まだ訳されていない絵本を探し、自分で訳して、出版社に持ち込め、というアドバイスが書かれているが、これは妻自身の経験にもとづいている。つまり、妻はここに書かれていることをすべてやって、プロの翻訳家になった。いやプロの翻訳家の仲間入りをしてからも、毎月、海外から大量の絵本を取り寄せ、海外旅行に行くたびに書店をのぞいて、持ちきれないくらい買い込み、それを片っ端から読んでいた。妻はそれを「宝探し」と呼んでいた。先に紹介したＳさんは、サンリオをやめた後、ニューヨークに住んでいて、しかも小さな娘さんがいたので、妻の絵本探しに協力してくれた。だから妻の翻訳した絵本の中には、Ｓさんが紹介してくれた本も混じっている。

　その後も妻は児童文学や絵本の研究と翻訳を二本柱にして仕事を続けた

が、関心はしだいに児童文学から絵本へと移っていった。

　私も翻訳の仕事を続けていたが、私と妻では得意分野が明確にちがっていた。私のほうはいわゆる一般教養書、すなわち専門書ほど学術的ではないが「かたい本」が中心で、妻のほうは子どもの本である。英語の能力の種類もちがっていて、妻は高校時代、1年間オーストラリアに留学していたこともあり、また国際基督教大学にすすんだので、会話は私よりもはるかに達者で、翻訳でも「口語」が得意だった。一方の私はいわゆる受験英語人間で、難解な文章は得意だが、日常会話は苦手である。

　夫婦ともに翻訳の仕事をしていたから、助け合うこともしばしばあったが、妻が助けを求めてくるのはもっぱら長い難解な文章。英語がわからないというより、言っていることがわからない、ということが多かった。私が妻の助けを求めるのは、もっぱら口語表現に遭遇したときだった。

　私は大学の仕事もあったから、早寝早起きを心がけていたが、妻は完全に夜型で、しばしば徹夜していた。とにかく勤勉だったが、仕事が早いほうではなかったので、年じゅう「どうして私はこんなに仕事がのろいんだろう」と嘆いていた。始終、締切に追われていたので、食事の支度を忘れることも多く、そのため、いつのまにか料理は私の仕事になった。

　毎年、暮れになると、夫婦のどちらがたくさん翻訳書を出したかをかならず比べた。いつでも妻のほうが冊数が多かったので、妻は「私の勝ち！」と自慢した。私はいつも「ページ数で比べたら、私のほうがずっと多い」と反論したが、妻は「それは屁理屈よ。一冊は一冊。それに絵本の翻訳のほうがずっと難しいんだから」と言って、「あなたの理屈は却下！」と宣言した。私としては、私が翻訳していたような本よりも絵本のほうが難しいとは思わないが（笑）、妻が、厚い本を訳すのと同じくらいの手間と時間をかけて絵本を翻訳していたことはたしかである。

　仕事が遅かったのは、丁寧だったからである。ちょっとでも気にかかる箇所があると、納得するまで粘った。ふつう翻訳の仕事においては、原稿を渡してから、少なくとも二度、校正刷りをチェックするが、妻の場合、毎回、初校も再校も訂正の赤字で真っ赤になった。それは原稿が不完全だっ

たからではない。翻訳には「正解」というものがない。だから翻訳家は、できるだけ正解に近づけようと、最後の土壇場まで頑張るというのが妻の姿勢であった。

　妻は論文を書くのが苦手だった。論理的思考が苦手だったということもあるが、論文の文体がどうしても書けなかったのだ。「硬い文体で書くと、じんましんが出てくる」といつも言っていた。得意なのは、本書のような「おしゃべり文体」だった。翻訳においても、おしゃべりをしているような、誰かに語りかけるような文体がいちばん得意だった。ご存じのように、妻がいちばん尊敬していたのは瀬田貞二さんだ。瀬田さんを見習って、言葉のリズムにはつねに気を配っていた。普通の書籍とはちがって、絵本の場合は、黙読するだけでなく、おとなが子どもに読み聞かせすることもある。だから声に出して読んだときにおかしな翻訳は絶対に避けなくてはいけない、というのが妻の主張だった。だから、よく深夜に、自分の訳文を声に出しながら、翻訳の仕事をしていた。

　生徒さんたちに翻訳を教えることも得意だった。大学で学生を相手に講義することも、心から楽しんでいた。病に命を奪われたことが可哀想でならない。

●本書で取り上げた作品一覧（初出掲載ページを記載）————————————

p. iii　Shirley Hughes. *Alfie Gives a Hand*. The Bodley Head, 1983.

p. 4　モーリス・センダック作・絵『かいじゅうたちのいるところ』神宮輝夫訳、冨山房、1975 年。（Maurice Sendak. *Where the Wild Things Are*. Harper & Row, 1963.）

p. 9　Shirley Hughes. *Alfie's Feet*. The Bodley Head, 1982.

p. 9　Shirley Hughes. *An Evening at Alfie's*. The Bodley Head, 1984.

p. 9　Shirley Hughes. *Alfie and the Birthday Surprise*. The Bodley Head, 1997.

p. 10　Shirley Hughes. *Dogger*. The Bodley Head, 1977.（シャーリー・ヒューズ作『ぼくのワンちゃん』新井有子訳、偕成社、1981 年。）

p. 11　Shirley Hughes. *Ella's Big Chance: A Jazz-Age Cinderella*. The Bodley Head, 2003.

p. 29　ケビン・ヘンクス作・絵『いつもいっしょ』金原瑞人訳、あすなろ書房、1994 年。（Kevin Henkes. *Owen*. Greenwillow Books, 1993.）

p. 32　マージョリー・フラック作・絵「おかあさんのたんじょう日」『おかあさんだいすき』大沢昌助絵、光吉夏弥訳、岩波書店、1954 年。（Marjorie Flack. *Ask Mr. Bear*. Macmillan, 1932.）

p. 34　ラッセル・ホーバン文、リリアン・ホーバン絵『フランシスとたんじょうび』松岡享子訳、好学社、1972 年。（Russell Hoban. *A Birthday for Frances*. Illustrated by Lillian Hoban. Harper & Row, 1968.）

p. 35　ラッセル・ホーバン文、ガース・ウィリアムズ絵『おやすみなさいフランシス』松岡享子訳、福音館書店、1966 年。（Russell Hoban. *Bedtime for Frances*. Illustrated by Garth Williams. Harper & Row, 1960.）

p. 49　ロバート・マックロスキー作・絵『すばらしいとき』渡辺茂男訳、福音館書店、1978 年。（Robert McCloskey. *Time of Wonder*. Viking Press, 1957.）

p. 50　渡辺茂男『すばらしいとき——絵本との出会い』大和書房、1984 年。

p. 77　谷川俊太郎『わらべうた　上・下』冨山房、1982 年/1983 年（集英社文庫、1985 年）。

p. 81　アンシア・デイビス再話、エロール・ル・カイン絵『サー・オルフェオ』灰島かり訳、ほるぷ出版、2004 年。（Anthea Davies, Errol Le Cain. *Sir Orfeo*. Bradbury Press, 1970.）

p. 82　トミー・アンゲラー作・絵『すてきな三にんぐみ』今江祥智訳、偕成社、1969 年。（Tomi Ungerer. *The Three Robbers*. Atheneum, 1962.）

p. 84　今江祥智『絵本の新世界』大和書房、1984 年。

p. 91　マリー・ホール・エッツ作・絵『もりのなか』間崎ルリ子訳、福音館書店、1963 年。（Marie Hall Ets. *In the Forest*. Viking Juvenile, 1944.）

p. 106　ルドウィッヒ・ベーメルマンス作・絵『げんきなマドレーヌ』瀬田貞二訳、福

音館書店、1972 年。（Ludwig Bemelmans. *Madeline*. Simon & Schuster, 1939.）

p. 110　伊藤比呂美『おなか・ほっぺ・おしり　そしてふともも』婦人生活社、1989 年。

p. 115　シェリー・ムーア・トーマス作、ジェニファー・プレカス絵『さびしがりやのドラゴンたち』灰島かり訳、評論社、2002 年。

p. 115　Shelley Moore Thomas, Jennifer Plecas. *Good Night, Good Knight*. Dutton E P, 2000.

p. 122　ダイアナ・ボストン『ボストン夫人のパッチワーク』林望訳、平凡社、2000 年。（Diana Boston. *The Patchworks of Lucy Boston*. 1985.）

p. 123　Kate Greenaway. *Mother Goose or the Old Nursery Rhymes*. Engraved and printed by Edmund Evans. George Routledge & Sons, 1881.

p. 125　谷川俊太郎訳、鷲津名都江編『よりぬきマザーグース』岩波少年文庫、2000 年。

p. 125　北原白秋訳「おくつの中に」『まざあ・ぐうす』角川文庫、1976 年。

p. 125　矢川澄子訳「靴のおうちのおばあさん」『マザーグース・ファンタジー』東逸子銅版画、すばる書房、1977 年。

p. 141　キャスリン・ラスキー文、ケビン・ホークス絵『大森林の少年』灰島かり訳、あすなろ書房、1999 年。（Kathryn Lasky. *Marven of the Great North Woods*. Illustrated by Kevin Hawkes. Harcourt Children's Books, 1997.）

p. 144　ヴィクトル・ユゴー『噫無情』（『レ・ミゼラブル』）黒岩涙香訳、扶桑堂、1906 年。（Victor Hugo. *Les Misérables*. 1862.）

p. 144　マーシャ・ブラウン絵『三びきのやぎのがらがらどん』瀬田貞二訳、福音館書店、1965 年。（Marcia Brown. *The Three Billy Goats Gruff*. Harcourt, 1957.）

p. 150　筒井頼子作、林明子絵『はじめてのおつかい』福音館書店、1977 年。

p. 150　筒井頼子作、林明子絵『あさえとちいさいいもうと』福音館書店、1982 年。

p. 159　ビアトリクス・ポター作・絵『ピーターラビットのおはなし』石井桃子訳、福音館書店、1971 年。（Beatrix Potter. *The Tale of Peter Rabbit*. Frederick Warne & Co., 1902.）

p. 167　マーガレット・ワイズ・ブラウン文、ジャン・シャロー絵『おやすみなさいのほん』石井桃子訳、福音館書店、1962 年。（Margaret Wise Brown. *A Child's Good Night Book*. Illustrated by Jean Charlot. William R. Scott, 1943.）

●初出一覧

コラム 10　「辞書を効果的に使う方法」『英語教育』50 巻 9 号（2001.11）、大修館書店。

付録エッセー　「①げんきなマドレーヌ」「⑥おやすみなさいのほん」「⑰三びきのやぎのがらがらどん」『絵本はステキ！』（月刊『こどものとも』折り込み付録 2007 年 4 月号〜2010 年 3 月号に収録）福音館書店。

付録エッセー　「翻訳に「正解」はないのです」『日本児童文学』57 巻 5 号（2011.10）、日本児童文学者協会、56–58 頁。

著者プロフィール

灰島かり（Kari Haijima）
　1950 年生まれ。2016 年逝去。絵本や子どもの本の翻訳者、研究者。
　国際基督教大学卒業。資生堂「花椿」編集部、広告会社のコピーライターをへて、1994～95 年、英国のサリー大学ローハンプトン大学院で児童文学を専攻。その後、子どもの本の翻訳、研究、創作と幅広く活動する一方で、東京純心大学客員教授、白百合女子大学・日本女子大学講師をつとめた。
　著書に、『絵本を深く読む』（玉川大学出版部）、『絵本をひらく——現代絵本の研究』（共編著、人文書院）、『ラブレターを書こう——小学生のための文章レッスン』（玉川大学出版部）など。創作絵本に『あいうえおのえほん』『かんじのえほん』（以上、玉川大学出版部）など。
　翻訳に、『猫語の教科書』（ポール・ギャリコ、筑摩書房）、『ケルトの白馬』（ローズマリー・サトクリフ、ほるぷ出版）、『アーサー王の剣』（エロール・ル・カイン作・絵、ほるぷ出版）、『森のなかへ』（アンソニー・ブラウン作・絵、評論社）、『チューリップ・タッチ』（アン・ファイン、評論社）、『メリサンド姫——むてきの算数！』（E. ネズビット、小峰書店）、『靴を売るシンデレラ』（ジョーン・バウアー、小学館）、『おうさまジャックとドラゴン』（ピーター・ベントリー作 / ヘレン・オクセンバリー絵、岩崎書店）、『ランドルフ・コールデコット——疾走した画家』（レナード・S・マーカス、BL 出版）など多数。

新装版　絵本翻訳教室へようこそ

2021 年 5 月 31 日　初版発行

著者
灰島かり
©Kari Haijima, 2021

発行者
吉田 尚志

KENKYUSHA
〈検印省略〉

発行所
株式会社　研究社

〒102-8152　東京都千代田区富士見 2-11-3
電話　営業(03) 3288-7777(代)　　編集(03) 3288-7711(代)
振替　00150-9-26710
http://www.kenkyusha.co.jp

印刷所
研究社印刷株式会社

装丁・デザイン・DTP
株式会社イオック（目崎智子）

ISBN 978-4-327-45300-8　C1082　Printed in Japan